推动能源生产和消费革命战略研究系列丛书
（第三辑）
中国工程院重大咨询项目成果文库

能源革命推动西南地区共享发展

马洪琪　李伟起　肖海斌　李　政　等　著

科学出版社
北　京

内 容 简 介

本书为中国工程院重大咨询项目"推动能源生产和消费革命（2035）——能源革命推动经济社会发展和生态环境保护战略研究"的课题八"能源革命推动西南地区共享发展"的研究成果。本书第一章为推动能源革命的背景及意义介绍；第二章为西南地区能源、经济、环境基本特征介绍；第三章归纳总结了西南地区能源发展面临的关键问题；第四章到第六章使用定量模型对区域间能源供需平衡和考虑负荷需求响应、需求侧储能对西南地区的清洁能源消纳进行了研究；第七章对西南地区能源革命所带来的经济社会发展和生态环境效益进行了分析；第八章提出了能源革命推动西南地区共享发展的政策建议。

本书主要供关心西南地区能源发展的政府、企业、大专院校和研究机构的管理人员与研究人员参考阅读。

图书在版编目（CIP）数据

能源革命推动西南地区共享发展 / 马洪琪等著. —北京：科学出版社，2021.10

（推动能源生产和消费革命战略研究系列丛书. 第三辑）

中国工程院重大咨询项目成果文库

ISBN 978-7-03-069074-6

Ⅰ. ①能… Ⅱ. ①马… Ⅲ. ①能源发展—研究—西南地区 Ⅳ. ①F426.2

中国版本图书馆 CIP 数据核字（2021）第 108943 号

责任编辑：王丹妮 / 责任校对：王晓茜
责任印制：张 伟 / 封面设计：有道设计

科学出版社 出版
北京东黄城根北街 16 号
邮政编码：100717
http://www.sciencep.com

北京捷迅佳彩印刷有限公司 印刷
科学出版社发行 各地新华书店经销

*

2021年10月第 一 版　开本：720×1000 B5
2021年10月第一次印刷　印张：10 1/2
字数：210 000

定价：108.00 元

（如有印装质量问题，我社负责调换）

推动能源生产和消费革命战略研究系列丛书
（第三辑）
编委会成员名单

项目顾问

周 济　中国工程院，主席团名誉主席、院士
李晓红　中国工程院，院长、院士

项目负责人

谢克昌　中国工程院，原副院长、院士
彭苏萍　中国矿业大学（北京），中国工程院院士

课题负责人

第一课题　能源革命推动区域经济社会与生态环境协调发展　倪维斗
第二课题　能源革命推动京津冀协同发展和雄安新区建设　谢克昌
第三课题　能源革命推动长三角创新发展　翁史烈、黄　震
第四课题　能源革命推动珠三角开放发展　陈　勇
第五课题　能源革命推动老工业基地转型发展　黄其励、谢克昌
第六课题　能源革命推动中部地区崛起　何继善
第七课题　能源革命推动能源富集地区绿色发展　刘中民
第八课题　能源革命推动西南地区共享发展　马洪琪
第九课题　能源革命推动能源安全保障　黄维和、韩景宽
第十课题　综合组　谢克昌

课题组成员名单

马洪琪　中国工程院 院士
李　政　清华大学 教授
李伟起　清华四川能源互联网研究院 副研究员
肖海斌　华能澜沧江水电股份有限公司 高级工程师
迟福东　华能澜沧江水电股份有限公司 高级工程师
余记远　华能澜沧江水电股份有限公司 高级工程师
杨　超　清华四川能源互联网研究院 教授级高工
雷　一　清华四川能源互联网研究院 教授级高工
张宗亮　华能澜沧江水电股份有限公司 教授级高工
湛正刚　华能澜沧江水电股份有限公司 教授级高工
艾永平　华能澜沧江水电股份有限公司 教授级高工
陈　典　中国电力科学研究院有限公司 高级工程师
孔　庚　清华-BP清洁能源研究与教育中心 科研助理
王裕祥　清华四川能源互联网研究院 助理研究员
李子豪　清华四川能源互联网研究院 研究助理
赵　娅　清华四川能源互联网研究院 研究助理
郑天文　清华四川能源互联网研究院 副研究员
姚大伟　清华四川能源互联网研究院 高级工程师
包维瀚　清华四川能源互联网研究院 高级工程师
程　青　清华四川能源互联网研究院 高级工程师
熊天龙　清华四川能源互联网研究院 工程师
周　永　雅砻江流域水电开发有限公司 正高级工程师
叶式穗　雅砻江流域水电开发有限公司 高级工程师

陈进殿　中石油规划总院　高级工程师
易　魁　华能澜沧江水电股份有限公司　高级工程师
卢　吉　华能澜沧江水电股份有限公司　高级工程师
曹学兴　华能澜沧江水电股份有限公司　高级工程师
吕岚春　清华四川能源互联网研究院　助理研究员
王　佳　清华四川能源互联网研究院　助理研究员
房炫伯　清华四川能源互联网研究院　助理研究员
胡艺凡　清华四川能源互联网研究院　助理工程师
管　伟　清华四川能源互联网研究院　助理研究员
周　奎　清华四川能源互联网研究院　助理研究员
李天枭　清华大学　博士研究生
陈思源　清华大学　博士研究生
候灵犀　清华大学　博士研究生
王玉芝　清华大学　博士研究生
韩储银　清华大学　硕士研究生
李平仪　慕尼黑工业大学　硕士研究生
陈　欢　清华四川能源互联网研究院　中级会计师
郝政祎　清华四川能源互联网研究院　行政助理

推动能源生产和消费革命战略研究系列丛书
（第三辑）
丛 书 序

  能源是人类社会发展的重要支柱，是国民经济发展的重要基础。致力于促进中国工程科学技术事业和经济社会可持续发展的中国工程院，自 1994 年建院以来就将能源问题纳入战略咨询的重要范畴。能源革命战略研究已做成了系列，做成了中国工程院的品牌。

  党的十八大首次提出"推动能源生产和消费革命"[①]。习近平于 2014 年提出"四个革命、一个合作"能源安全新战略以来，推动能源革命已经成为中长期我国能源发展的基本遵循[②]。中国工程院于 2013 年 5 月启动了"推动能源生产和消费革命战略研究"重大咨询项目，创新性地提出了能源革命三阶段论述；又于 2015 年 10 月启动了以农村能源、西部能源和"一带一路"能源合作为重点的能源革命二期重大咨询项目，提出农村地区和西部地区推进能源革命"三步走"战略。

  区域经济社会发展和生态环境保护离不开能源的支撑保障。党中央提出的"四个革命、一个合作"能源安全新战略，以及以京津冀协同发展等为代表的国家区域发展战略的深入贯彻实施，为新时期能源发展提供了基本遵循和方向指引。鉴于此，中国工程院于 2018 年 3 月启动了"推进能源生产和消费革命（2035）——能源革命推动经济社会发展和生态环境保护战略研究"重大咨询项目。项目以主动视角审视当前国家能源发展情况，立足"变被动为主动"的研究观点，深入研究能源革命对经济社会发展和生态环境保护的推动作用，全面分析能源与经济社会、生态环境的相互关系，旨在新形势下结合区域发展战略的顶层指引和能源资源禀赋的实际，因地制宜推进区域能源革命，推动区域经济社会发展和生态环境保护。

  历时两年的研究，项目取得了一系列研究成果。围绕能源革命推动京津冀协

---

  ① 胡锦涛在中国共产党第十八次全国代表大会上的报告，http://cpc.people.com.cn/n/2012/1118/c64094-19612151.html[2012-11-18]。

  ② 习近平：积极推动我国能源生产和消费革命，http://www.xinhuanet.com/politics/2014-06/13/c_1111139161.htm[2014-06-13]。

同发展和雄安新区建设、长三角创新发展、珠三角开放发展、老工业基地转型发展、中部地区崛起、能源富集地区绿色发展、西南地区共享发展、能源安全保障等研究内容，通过典型的区域案例和技术案例的调研与分析，在系统总结和深入研究能源革命对经济社会发展和生态环境保护的推动作用及能源安全专题分析研究的基础上，提出因地制宜推进能源革命的指导思想、战略思路、战略目标，阐述了 2035 年、2050 年能源革命在推动经济社会发展和改善生态环境方面的重要作用和推进区域能源革命的七大战略举措：第一，推进京津冀能源与经济、环境的协同发展，力争生态环保实现率先突破；第二，依托长三角一体化发展优势，建立集成优化、区域联动、智能调控的能源系统，推动区域创新发展；第三，依托"一带一路"和粤港澳大湾区建设，将珠三角地区打造成国家油气储备基地和可再生能源基地，成为国家能源安全保障体系的重要一环；第四，以能源高值化、多元化、低碳化推进经济转型，激发老工业基地振兴新动能；第五，充分发挥枢纽区位优势，依托西气东输、西电东送、北煤南运，将中部地区重点打造成为保障中东部地区能源供应的综合枢纽站；第六，依托新一轮西部大开发战略，将能源富集地区打造成绿色可持续的国家能源安全保障基地；第七，推进清洁能源开发与消纳，促进乡村振兴，共享西南地区能源发展成果，并从政策制定、组织机构、财税金融、人才队伍建设等方面提出相关措施，保障相关战略举措的落地生根。

通过研究，项目形成了《推进能源生产和消费革命（2035）——能源革命推动经济社会发展和生态环境保护战略研究》总报告 1 份和 9 份课题报告及其摘要报告，其报告由科学出版社出版发行。同时，项目相关研究成果也及时做了总结，向党中央、国务院及有关部门上报了《关于能源革命与区域发展协调推进的建议》等 5 份院士建议，递交《关于建设榆林国家级能源革命创新示范区的提案》等 3 份全国政协提案。项目研究成果对于我国推进能源革命具有重要借鉴意义。

在项目的研究中，参加人员坚持咨询工作的"战略性、科学性、时效性、可行性、独立性"，注重战略研究的"方法创新、调研充分、研讨深入、组织严谨"，取得了重要成果，不仅数据翔实、目标明确，而且技术路线和政策措施具体。

项目的研究成果是项目组全体院士、专家集体智慧的结晶，作为项目负责人，我衷心感谢项目顾问李晓红、周济等院士的精心指导和所有参与研究及提供支持的院士、专家的辛勤工作，期望本丛书能够进一步为政府部门的科学决策提供科学支撑，为相关领域专家学者的进一步研究提供有益借鉴。

在新的历史阶段，能源革命正面临着新的挑战与机遇。作为全球最大的能源消费国和生产国，中国同时也在积极推进全球能源绿色转型发展。目前正在组织开展能源革命系列第四期即"能源战略（2035）"研究，阶段成果已提交院士建议 3 份，将继续为推动新时代能源事业高质量发展、践行"四个革命、一个合作"能源安全新战略献计献策。

谢克昌

2021 年 5 月 20 日

前　　言

　　本书为中国工程院重大咨询项目"推动能源生产和消费革命战略研究系列丛书　第三辑"的课题八"能源革命推动西南地区共享发展"的课题研究报告。

　　本课题自 2018 年 3 月启动以来，就云南、贵州、四川、重庆、西藏等西南地区各省区市的能源供需、经济社会和生态环境的基本特点展开了深入的调研，获取了翔实的资料，在此基础上剖析了西南地区各省区市发展存在的主要问题和深层次原因。然后就西南地区能源发展与经济、社会、生态、环境的互馈关系及西南地区经济社会发展趋势进行了深入的研究，提出了西南地区作为国家清洁能源基地的战略定位，并重点针对西南地区水能/太阳能等非化石清洁能源资源丰富、清洁电力亟须大规模消纳的特点，研究了如何将西南地区的资源优势转化为经济优势以带动西南地区的共享发展，并提出了相应的战略举措和政策建议。

　　目前，本课题组已赴西南地区各省区市的相关政府部门和单位开展多次访谈，组织和参与了十余次与课题研究相关的学术研讨会。在结合研究成果、专家意见和调研情况的基础上，本课题组已完成课题研究报告并成书，总共 8 章，第一章为推动能源革命的背景及意义，第二章为西南地区能源、经济、环境基本特征，第三章为西南地区能源发展面临的关键问题分析，第四章为西南地区能源发展趋势及供需平衡分析，第五章为考虑负荷需求响应的西南地区水电外送及消纳问题，第六章为考虑需求侧储能的可再生能源消纳研究分析，第七章为西南地区能源革命对经济社会发展、生态环境保护的推动作用，第八章为能源革命推动西南地区共享发展战略及政策建议。

　　本书的主要创新点是在综合西南地区能源供需、经济社会和生态环境特点的基础上，结合西南地区的产业特点、区域特色和政策环境，提出了通过能源革命建设西南地区清洁能源大基地，以清洁能源的发展支撑西南地区经济社会和生态环境的共享发展。

目　录

第一章　推动能源革命的背景及意义 1
 第一节　能源革命是推动西南地区共享发展的重要支撑 1
 第二节　能源革命推动西南地区共享发展面临的机遇与挑战 4
 第三节　西南地区共享发展的愿景及内涵 7
 第四节　本书的研究思路和方法 8

第二章　西南地区能源、经济、环境基本特征 10
 第一节　西南地区能源资源禀赋及发展基本特征 10
 第二节　西南地区经济社会、生态环境基本特征 25

第三章　西南地区能源发展面临的关键问题分析 36
 第一节　清洁能源消纳面临严峻挑战 36
 第二节　能源结构仍需继续优化 42
 第三节　能源系统整体效率亟待提升 44
 第四节　能源发展体制机制矛盾凸显 45
 第五节　区域能源基础设施建设亟待改善 46

第四章　西南地区能源发展趋势及供需平衡分析 48
 第一节　中国多区域能源供应系统优化模型 48
 第二节　西南地区能源需求预测 55
 第三节　区域间能源供需平衡研究 67
 第四节　基于区域间能源供需平衡的共享发展建议 74

第五章　考虑负荷需求响应的西南地区水电外送及消纳问题 75
 第一节　需求响应研究背景 75
 第二节　模型建立 75
 第三节　四川实际数据分析 84

第六章 考虑需求侧储能的可再生能源消纳研究分析 …………………… 87
　第一节 需求侧储能研究背景 …………………………………………… 87
　第二节 发电机组和需求侧储能联合规划模型 ………………………… 90
　第三节 四川案例分析 …………………………………………………… 95
　第四节 储能情景与基准情景 …………………………………………… 99
第七章 西南地区能源革命对经济社会发展、生态环境保护的推动作用 … 106
　第一节 西南地区可再生能源发展的模型分析 ………………………… 107
　第二节 清洁能源发展的效益分析 ……………………………………… 114
第八章 能源革命推动西南地区共享发展战略及政策建议 ……………… 118
　第一节 西南地区能源革命的战略定位及目标 ………………………… 118
　第二节 西南地区能源革命重点战略方向 ……………………………… 119
　第三节 西南地区能源革命的战略举措 ………………………………… 120
　第四节 西南地区共享发展的政策建议和保障措施 …………………… 146
附录　模型命名法 ……………………………………………………………… 151

第一章　推动能源革命的背景及意义

西南地区指包括重庆市、四川省、贵州省、云南省、西藏自治区五省区市在内的广大区域,总面积近 250 万千米^2,占中国陆地面积的 24%;常住人口约 2 亿,占中国总人口的 14%(截至 2016 年数据)。西南地区作为中国整体经济实力较弱、地理地形最复杂、少数民族最多的区域,其共享发展具有重要的意义。

第一节　能源革命是推动西南地区共享发展的重要支撑

一、西南地区共享发展是国家区域发展战略的重要组成

西南地区共享发展是建设"清洁、低碳、安全、高效"的能源体系的重要支撑。从全国来看,目前能源体系绿色低碳的程度尚显不足,以煤为主的能源消费结构所产生的污染物排放和温室气体排放难以得到有效控制,与"清洁""低碳"相背离。西南地区在能源供应清洁、低碳方面走在全国前列,同时也通过输送清洁能源为全国的清洁、低碳发展贡献力量,为广大受端地区提供了持续、稳定、清洁的能源输出。一方面加快了清洁能源和可再生能源对煤炭等化石能源的替代,优化了本区域和受端地区的能源结构,为能源系统的"清洁""低碳"贡献力量;另一方面使能源资源在全国得到优化配置,增强了受端地区能源、电力的供给,支撑了经济快速发展过程中的能源供应需求,为能源系统的"安全""高效"提供支撑。

西南地区是打赢乡村振兴和污染防治攻坚战的重点难点,西南地区共享发展理应成为全面建成小康社会的重要抓手。2017 年 10 月,习近平在党的十九大报告中提出"要坚决打好防范化解重大风险、精准脱贫、污染防治的攻坚战,使全面建成小康社会得到人民认可、经得起历史检验"[①]。一方面,西南地区具备丰富的清洁能源资源,其共享发展能通过清洁能源的开发利用减少煤电等造成的污染物和温室气体排放,推进污染防治攻坚战;另一方面,西南地区自然条件差、基础设施条件相对薄弱、经济社会发展相对滞后、信息相对闭塞、生态环境相对

---

①习近平. 决胜全面建成小康社会　夺取新时代中国特色社会主义伟大胜利——在中国共产党第十九次全国代表大会上的报告(2017 年 10 月 18 日). http://www.gov.cn/zhuanti/2017-10/27/content_5234876.htm.

脆弱，人民生活水平、教育文化水平偏低，与我国东部省区市和较发达地区差距悬殊，不利于社会的长期稳定。西南地区清洁能源资源大多分布于这些地区，以水电站开发为代表的清洁能源的发展对于乡村振兴、实现地区经济跨越发展具有重要的价值。

西南地区共享发展是我国长江经济带发展战略的重要组成。长江经济带发展是我国五大重大国家战略之一，其目标是建成具有全球影响力的内河经济带、东中西互动合作的协调发展带、沿海沿江沿边全面推进的对内和对外开放带、生态文明建设的先行示范带，因此其核心是发达地区与欠发达地区的平衡，以及经济发展与生态保护的平衡。西南地区位于长江经济带的上游，不仅是发展的重点，而且是整个长江经济带的重要生态屏障，其共享发展对于区域平衡发展和生态环境保护都具有重要的意义与价值，是长江经济带发展战略不可或缺的重要组成。

西南地区是国家西部大开发和维护边境稳定的重点区域，在区域发展总体战略中具有优先地位。党的十九大报告中明确提出"强化举措推进西部大开发形成新格局"，下一步国家将深入实施西部大开发战略，强化政策支持。此外，西南地区地处边疆地区、民族地区，发展问题事关边境和谐、民族团结，党中央、国务院高度重视该地区的发展，大力实施兴边富民行动，促进边疆繁荣稳定和各族群众生活改善。

二、西南地区共享发展需要能源革命推动

能源发展问题是事关国计民生的重大议题，经济的持续增长与社会的稳定发展正是工业革命和能源革命的结果。随着能源利用方式的转变，人类进入了工业化进程，实现了煤炭和石油的大规模开发利用，为大规模的生产生活提供了丰富的能量来源，使得人类社会进入了经济持续增长阶段。但是，大量的 SO_2、NO_x 等污染物以及 CO_2 等温室气体排放也随之产生，造成了难以忽视的环境和生态问题，这一现象在发达国家的发展历程中可以明显观测到。当今的中国正处于工业化和城市化并存的发展阶段，有必要创新发展思路，贯彻能源革命的思想，统筹应对目前面临的能源安全、生态环境以及气候变化问题。针对新时期发展面临的复杂形势，习近平总书记高瞻远瞩地提出了以"四个革命、一个合作"为核心的能源革命思想[①]，党的十九大报告也进一步强调"推进能源生产和消费革命，构建清洁低碳、安全高效的能源体系"[②]。

---

① 中共中央总书记、国家主席、中央军委主席、中央财经领导小组组长习近平2014年6月13日主持召开中央财经领导小组第六次会议，研究我国能源安全战略。

② 习近平. 决胜全面建成小康社会 夺取新时代中国特色社会主义伟大胜利——在中国共产党第十九次全国代表大会上的报告（2017年10月18日）. http://www.gov.cn/zhuanti/2017-10/27/content_5234876.htm.

（一）推动能源供给革命

我国目前的能源系统以煤炭和石油两种化石能源为主，虽然为我国发展提供了动力，但同时也是环境污染的主要原因和温室气体排放的主要来源。开展能源供给革命，就是要大力发展低碳的天然气与生物质能，以及风能、光伏、水能、地热能等可再生能源。此外，由于能源特性差异，还要特别关注多种能源的协同作用，加强能源系统灵活性与能源消费革命、能源技术革命的战略协同。

（二）推动能源消费革命

把节能和提高能源利用效率贯穿社会经济发展的全过程与全领域，大幅提高工业、建筑、交通运输等领域的能源利用效率，抑制不合理的能源需求。同时，还要大力优化终端消费部分的用能结构，遏制煤炭、石油消费的增长，提高电力、天然气等清洁能源的终端消费占比，促进国家能源消费绿色升级。

（三）推动能源体制革命

目前我国的市场化程度仍需进一步提高，要继续推动市场化改革，完善市场准入机制、建立市场机制、加强市场监管，鼓励各类投资主体有序进入能源产业的各个领域。从制度上提高化石能源系统的灵活性和效率，提高现有能源系统对波动性强、成本高的可再生能源的消纳能力，降低能源转型成本。能源体制革命要求制定完善的"权力清单""责任清单"，体现权责对等和"谁受益谁承担"的经济学原理，通过碳交易、可再生能源配额制等机制鼓励高排放行业通过技术创新实现节能减排，促进行业的优胜劣汰和能源的清洁低碳发展。

（四）推动能源技术革命

当前，我国分布式能源、智能电网、储能、能源互联网、需求响应等业态刚刚兴起，存在能源技术创新能力不足的问题，转化应用尚需时日，需要加快相关关键技术的研究和应用。

（五）推动国际合作

在维护能源安全的前提下，积极参与全球能源转型，提升能源治理的话语权，力争在应对气候变化、改善生态环境、推动能源革命等领域扮演重要角色。充分利用世界能源资源和能源科技，保障我国能源安全、促进我国能源科技创新和成熟能源技术输出。其中，油气安全尤为重要，既要重视与资源富集地区/国家的合作，也要重视与邻近国家的油气合作，紧抓"一带一路"倡议实施的重大机遇期，为油气合作创造条件和机会。

能源是经济社会发展的物质基础，是人民实现美好生活的动力来源，开展能源革命无疑是推动国家和区域发展的重要支撑。从全国来看，各区域的发展阶段不尽相同，能源资源禀赋特征差异较大，经济社会发展和生态环境现状也各具特点，在推进区域互济、经济社会与生态环境协调发展过程中离不开能源的支撑保障和协调引导。

国家统计局数据显示，包含四川、重庆、云南、贵州、西藏五省区市在内的西南地区面积近250万千米^2，人口约2亿（截至2016年数据），2017年地区生产总值为81.8万亿元，面积、人口、地区生产总值分别占全国的24%、14%和11%，是我国版图的重要组成。西南地区拥有极为丰富的清洁能源资源，其中四川、云南是当前我国水电开发的主战场，川渝地区则是我国最主要的天然气产区，在西电东送、西气东输的国家战略下，为支撑东部地区和全国的经济发展贡献了大量的清洁能源。但与此同时，西南地区多数属于边疆地区和民族地区，经济社会发展水平较发达地区相差甚远，发展需求迫切；人均收入低于全国平均水平。

随着我国经济进入新常态，西南地区清洁能源消纳的问题日益突出，其中以弃水问题最为严重，大规模可再生清洁能源白白浪费，发电企业生存困难，资源地税收锐减，严重影响水电等相关能源行业健康发展及西南地区的共享发展。此外，近年来西南地区自然资源受损、环境承载力下降等问题也逐步凸显，部分地区土地荒漠化（如四川、贵州）、大气污染（如重庆）、矿区污染（如云南）、SO_2排放（如贵州）问题较严重，面临经济社会发展和生态环境保护的双重压力。在此背景下，利用区域内清洁能源优势，以能源尤其是清洁能源的发展推动实现经济社会和生态环境的多重赢利，对推进西南地区的共享发展具有重要意义。

开展能源革命推动西南地区共享发展战略研究，有利于充分发挥西南地区的资源优势、提升经济发展质量和效益、建设生态文明，为构建清洁低碳、安全高效的能源体系，推动经济社会和生态环境协调发展提供战略支撑。

第二节　能源革命推动西南地区共享发展面临的机遇与挑战

一、能源革命推动西南地区共享发展面临的机遇

（一）能源体系清洁低碳发展的机遇

当前全球气候变化、生态环境破坏和能源资源紧缺深刻影响着人类社会的生存和发展。减少化石能源消耗、大力发展清洁能源、遏制气候变暖、发展低碳经济已成为世界的共识，建设发展安全、绿色、可持续的低碳能源更已成为世界能源发展的潮流和方向。21世纪初，中国经济的高速发展带来了能源需求的急剧增长，在此阶段，煤炭作为低成本且易得的能源成为新增能源需求的主

要供应来源,能源结构调整进程缓慢,煤炭消费占比长期保持在70%以上。《能源发展"十二五"规划》明确提出实施能源消费强度和消费总量双控制,着力提高清洁低碳化石能源和非化石能源比重,加快优化能源生产和消费结构。我国在2009年宣布到2020年单位国内生产总值CO_2排放较2005年下降40%~45%,首次提出了温室气体减排的量化指标。2016年,国家发展和改革委员会(简称国家发展改革委)和国家能源局发布的《能源生产和消费革命战略(2016~2030)》提出2030年前新增的能源需求主要依靠清洁能源满足。党的十九大关于我国能源发展战略指出:推进绿色发展……构建市场导向的绿色技术创新体系,发展绿色金融,壮大节能环保产业、清洁生产产业、清洁能源产业。中国国家主席习近平在2020年9月22日召开的联合国大会上表示:"中国将提高国家自主贡献力度,采取更加有力的政策和措施,二氧化碳排放力争于2030年前达到峰值,努力争取2060年前实现碳中和。"①2020年12月12日,国家主席习近平在气候雄心峰会上通过视频发表题为"继往开来,开启全球应对气候变化新征程"的重要讲话,进一步宣布:"到2030年,中国单位国内生产总值二氧化碳排放将比2005年下降65%以上,非化石能源占一次能源消费比重将达到25%左右,森林蓄积量将比2005年增加60亿立方米,风电、太阳能发电总装机容量将达到12亿千瓦以上。"②

水电是我国仅次于煤炭的第二大常规能源资源,在我国能源结构中占有极其重要的地位,更是目前可再生和非化石能源中资源最明确、技术最成熟、最清洁和最经济的能源。随着我国在降低CO_2排放方面的压力和责任越来越大,水电对降低CO_2排放、发展低碳经济的作用和效果将愈加显现。

西南地区具备丰富的以水电为代表的清洁能源资源,国家对能源系统清洁低碳的要求为具有清洁能源优势的西南地区创造了良好的发展环境。西南地区共享发展已成为国家开展生态文明建设、壮大清洁能源产业的重要举措。

(二)国家实施区域协调发展战略的机遇

近年来,国家高度重视西南地区发展,密集出台了一系列与西南地区直接相关的发展战略,西南地区已成为"一带一路"倡议,以及西部大开发、长江经济带发展、西电东送等国家级战略的重要节点,面临清洁能源发展和经济社会发展的良好机遇。在相当长的一段时期内,积极有序开发清洁能源都将是西南地区经

---

① 习近平. 在第七十五届联合国大会一般性辩论上的讲话(2020年9月22日). http://www.xinhuanet.com/politics/leaders/2020-09/22/c_1126527652.htm.

② 习近平. 继往开来,开启全球应对气候变化新征程——在气候雄心峰会上的讲话(2020年12月12日). http://www.gov.cn/gongbao/content/2020/content_5570055.htm.

济社会可持续发展的重要途径，是实施我国西电东送战略、推进区域平衡发展的基本保障。积极有序开发西南地区清洁能源资源，不仅符合党的十九大关于生态文明建设、壮大清洁能源产业的要求，而且能支援国内其他缺能地区的能源建设，为全国的能源资源平衡做贡献。

（三）经济新常态下产业调整和扩大开放的机遇

为应对经济新常态下的发展形势，全国积极开展产业结构调整和对外开放，为西南地区发展创造了良好机遇。一方面，当下东部沿海地区的成本优势正逐步减弱，面临产业结构调整的迫切压力，而西南地区既具备能源、土地、人力等资源优势，又具有一定的工业基础，具备发展产业的极佳条件；另一方面，西南地区得天独厚的区位优势还为其扩大开放、面向国家市场提供了良好机遇，西南地区地处中国经济圈、东南亚经济圈和南亚经济圈的接合部，是中国连接南亚、东南亚的国际大通道和面向印度洋周边经济圈的关键枢纽，拥有面向三亚（南亚、东南亚、西亚）、紧靠两湾（东南方向的北部湾、西南方向的孟加拉湾）、肩挑两洋（太平洋、印度洋）、通江达海沿边的独特区位优势。

二、能源革命推动西南地区共享发展面临的挑战

（一）生态环境制约明显加强

"十二五"以来，国家对生态文明建设提出了新认识、新部署和新要求，先后出台了《关于加快推进生态文明建设的意见》和《生态文明体制改革总体方案》等政策文件。西南地区地处长江中上游地区，是长江上游重要的生态屏障区域，目前正面临着自然资源受损、环境承载力下降、土地石漠化等问题，生态环境越发脆弱。这一影响主要体现在以下两个方面。

1. 供给方面

生态环境保护已成为大力开发清洁能源的重要制约因素。随着对生态环境保护的日益重视，清洁能源开发对于生态环境保护的要求越来越高，而由于目前尚缺乏权威且科学系统的对于清洁能源开发环境影响的评判体系，清洁能源开发尤其是水电开发争议不断，影响了清洁能源开发的前期规划和项目建设。

2. 消费方面

西南地区不能重复走传统工业化道路，必须依靠调整优化经济发展方式等举措来破解发展与环境之间的矛盾，走绿色发展之路，依靠科技创新，通过采取新技术、新工艺来提升产业发展过程中的环境保护能力和水平。

（二）清洁能源消纳面临多重挑战

随着我国经济进入新常态，在电力需求增速放缓、东中部地区接受意愿降低、外送通道建设缓慢、两网分割等因素作用下，西南地区清洁能源的消纳正面临严峻挑战，弃水电量逐年快速增加，大规模可再生清洁能源白白浪费，且近年水电的市场价格未能充分体现其所能带来的经济-社会-环境效益，发电企业生存困难，资源地税收锐减，严重影响水电等相关清洁能源行业的健康发展，不利于区域经济社会发展和生态环境改善。

（三）区域内各省区市差异明显

西南地区五省区市不论是在发展阶段还是在资源禀赋方面都具备明显的差异，发展需求和发展条件各异，统筹协调难度大、复杂性高。其中四川、云南是典型的清洁能源富集省份，向清洁能源生产、消纳聚焦；贵州过去以传统的煤炭产业为核心，正积极创新产业结构，开展大数据等新兴产业建设；重庆经济发展水平整体领先于西南地区，但整体属于能源较匮乏地区，能源保供压力大；西藏拥有十分丰富的清洁能源资源，但未来发展面临清洁能源的研发能力不足、科技队伍建设滞后、开发利用成本较高、产业体系不完善等诸多因素的影响。

第三节 西南地区共享发展的愿景及内涵

一、西南地区共享发展的愿景

到2035年，西南地区经济社会实现高质量发展，生态环境全面改善。一是经济实力、科技实力大幅提升。整体发展水平跻身全国各区域的中上游，部分省区市跻身国家发达省区市行列。二是人民生活水平持续提升。中等收入群体比例明显提升，城乡区域发展差距显著缩小。三是生态环境状况愈加良好。生态文明建设全面落实，成为我国生态环境保护与经济社会和谐发展的典范和标兵。

二、西南地区共享发展的内涵

西南地区共享发展的核心是清洁能源资源的共享，并以此带动经济社会和生态环境的协调发展，实现经济社会发展和生态环境保护的共享。一方面，可以通过向发达地区输出清洁能源资源和发展本地特色产业实现发达地区高端产业对西南地区经济社会发展的支撑；另一方面，通过发展清洁能源，可以有效促进相关污染物和温室气体的减排，不仅为本区域的清洁低碳化服务，而且能为全国的生态文明建设做出重要贡献。

具体到区域层次上,西南地区的共享发展存在两层内涵:一是区域内的共享,要求分阶段推进区域内的资源优化配置,具体包括西南地区的电网安全共享、能源供需平衡共享(电力、天然气)等方面,通过区域内的共享实现西南地区各省区市的互惠互通,在区域内优化资源配置;二是全国范围内的共享,通过将地区优势资源放到全国进行优化配置,共享全国经济发展的成果,带动西南地区富裕起来。

第四节 本书的研究思路和方法

本书首先理清西南地区能源、经济、环境的基本特征,分析能源发展面临的关键问题及深层次原因;然后开展能源发展趋势研究,根据发展现状和面临的问题,考虑能源革命的实施,分析西南地区未来的能源需求,开展能源供需形势分析,根据供需形势的变化研究未来西南地区区域内以及与其他地区之间能源供需平衡的策略,形成对西南地区未来能源发展情景的判断,在此情景下,定性定量分析西南地区能源革命对经济社会发展和生态环境保护的推动作用;最后,基于以上研究,提出西南地区能源革命的战略定位及目标、西南地区能源革命的战略举措,以及推动西南地区共享发展的政策建议。本书研究框架如图1.1所示。

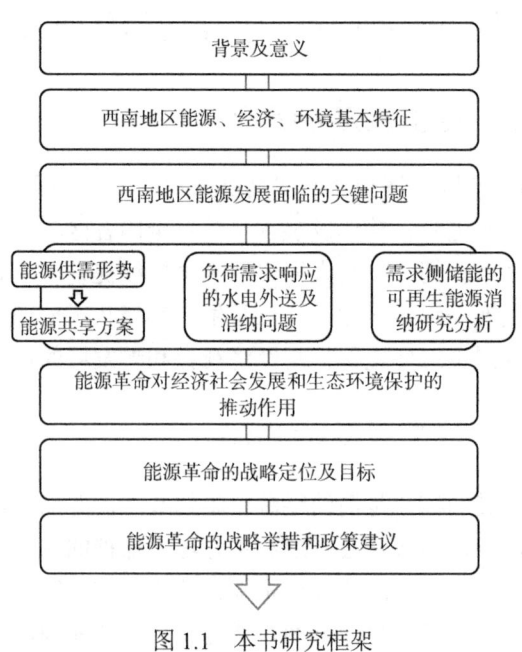

图 1.1 本书研究框架

具体研究内容和研究方法如下。

第一，基于专家访谈、实地调研、文献调研获取西南地区各省区市的能源供需、经济社会、生态环境的特征数据，利用系统分析方法和能源流向图分析方法，分析西南地区能源供需、经济社会和生态环境的基本特点。

第二，建立全国一盘棋下的西南地区区域能源供应系统优化模型。研究西南地区各省区市、区域对电、热、煤、气、油等不同能源品种的未来消费需求和供应能力，以系统总成本最优为原则，针对煤炭、石油、天然气、电力供应系统的规划和运行方案进行优化，在认识各区域电力供需动态变化形势的基础上，研究西南地区在区域间能源供需平衡的定位和发展策略。

第三，建立考虑负荷需求响应和需求侧储能对增进可再生能源消纳的定量分析模型，以四川省为案例，详细分析应用需求响应增加水电消纳的成本效益和经济性，并提出相应的政策建议。

第四，基于情景分析方法，定性、定量评估西南地区在能源革命情景下能源对经济社会发展和生态环境保护的推动作用。

第二章　西南地区能源、经济、环境基本特征

第一节　西南地区能源资源禀赋及发展基本特征

西南地区各省区市的能源资源禀赋及发展基本特征如下。

一、四川能源资源禀赋及发展特征

（一）能源资源禀赋及开发情况

1. 水力资源丰富

根据 2015 年四川省水力资源复查成果，全省水力资源技术可开发量为 1.48 亿千瓦，年可发电量为 6764 亿千瓦·时，占全国的 22.2%，居全国各省区市的最前列，其中经济可开发量为 1.45 亿千瓦，年可发电量为 6594 亿千瓦·时。从分布上来看，全省水力资源主要集中在金沙江、雅砻江和大渡河干流，其技术可开发量占全省的 79.4%。截至 2020 年底，四川省水电已开发装机 7892 万千瓦，约占技术可开发量的 65.8%。

2. 常规/非常规天然气资源丰富

根据国家统计局发布的数据，截至 2016 年四川省天然气剩余技术可采储量达 1.32 万亿米^3，约占全国天然气剩余技术可采储量（5.44 万亿米^3）的 1/4。此外，四川省非常规天然气资源丰富，页岩气资源量为 47 万亿米^3。目前，四川天然气产量呈逐年上升趋势。根据《中国能源统计年鉴 2018》，2017 年，四川省天然气产量为 356.39 亿米^3，较上年（296.91 亿米^3）增长约 20%。根据四川省发展和改革委员会发布的数据，2020 年全省天然气产量为 432 亿米^3，其中页岩气产量为 119 亿米^3，2017~2020 年天然气产量年均增速为 6.6%。

3. 煤炭资源有限

四川省煤炭资源主要分布在川南，种类比较齐全。根据国家统计局发布的数据，四川省煤炭储量为 53.2 亿吨，仅占全国煤炭储量（2492.3 亿吨）的 2%，属于煤炭资源贫乏地区。近年来，随着淘汰落后产能的实施，四川省原煤产量逐年

下降。根据《2017 年四川省国民经济和社会发展统计公报》，2017 年四川省原煤产量为 4659.9 万吨，较上年减少 16.5%；根据《2020 年四川省国民经济和社会发展统计公报》，2020 年四川省原煤产量为 2158.3 万吨。

4. 风能资源较贫乏，太阳能资源局部富集

四川省属于风能资源第四类地区，风能资源总体较贫乏，仅在局部地区风能较集中，主要分布于凉山彝族自治州、攀枝花市及川西高原地区。从时间分布上主要集中在 11 月至次年 5 月的冬春季节。根据《四川省"十二五"能源发展规划》，四川省离地 50 米高度风能理论储量为 8835 万千瓦，潜在开发量为 1500 万千瓦。截至 2017 年底，并网风电容量为 210 万千瓦，《四川省"十三五"能源发展规划》预计 2020 年增长至 600 万千瓦，其中凉山彝族自治州风电基地建成并网 453 万千瓦。此外，四川省的太阳能资源分布极不平衡，川西高原相对富集，以"三州一市"（甘孜藏族自治州、阿坝藏族羌族自治州、凉山彝族自治州、攀枝花市）为主，全省光伏发电可利用量为 4290 万千瓦。截至 2017 年底，四川省已有光伏发电装机 135 万千瓦。根据《四川省"十三五"能源发展规划》，预计到 2020 年，四川省光伏发电装机规模可达 250 万千瓦。

5. 石油资源短缺

根据国家统计局发布的数据，截至 2016 年四川省石油剩余技术可采储量为 623.4 万吨，仅占全国石油剩余技术可采储量（350 120.3 万吨）的 0.2%。根据《中国能源统计年鉴 2018》数据，2017 年，四川省的原油产量仅为 8.7 万吨。

6. 能源分配分析

四川省一次能源供应以非化石能源（主要为水电）、原煤和天然气为主，原油基本依赖省外调入。2016 年，四川省能源生产总量为 1.847 亿吨标准煤，其中非化石能源占比 54.8%，原煤占比 22.7%，天然气占比 20.1%。2016 年，四川省一次能源消费总量为 2.191 亿吨标准煤，综合能源自给率为 82%。

2019 年，四川省的发电装机总量达 9929 万千瓦，其中水电装机总量为 7846 万千瓦，火电装机总量为 1570 万千瓦，风电装机总量为 325 万千瓦，光伏发电装机总量为 188 万千瓦。由此可见，四川省的发电装机基本实现以水电为主，火电为辅，风、光并行的格局，具有清洁化的特点和优势。2019 年，四川省发电总量为 3923.88 亿千瓦·时，用电总量为 2635.83 亿千瓦·时，省内发电总量远高于用电总量，电力输出特征明显。终端能源消费结构方面，煤炭占比 34.2%，油品占比 21.5%，天然气占比 10.2%，电力占比 33.4%，热力占比 0.7%。煤炭除省内自产外，从外省调入原煤、洗煤、焦炭共 0.28 亿吨标准煤，能源自给率分别为原煤 75.3%、洗煤 79.4%、焦炭 65.5%；油品消费主要依赖调入，自给率为 23.0%；天然气和电力输出特征明显，其中天然气的能源自给率达157.5%，电力的能源自给率达160.4%，且非化石能源电力在发电量中的占比高达88.4%，电力的清洁特征明显。从终端消费部门来看，四川省最大的终端能源消费部门是第二产业，其能源消费量占终端能源消费量的66%。

（二）能源发展特征

1. 清洁能源生产能力显著增强，能源供给已由整体短缺转向相对过剩

水电实现跨越式发展，装机从2010年的3070万千瓦增长至2017年的7714万千瓦，年均增速约14%，水电在装机结构中的占比已达79%；风电、光伏发电等新能源装机规模迅速扩大，截至2017年底已有装机345万千瓦；天然气产量持续增长，2017年达到356.39亿米^3，相比2010年增长121%，年均增速为12%，其中，页岩气产量于2017年达到30亿米^3，约占全国页岩气产量的1/3。与此同时，能源供应增速大于能源需求增速使得四川省电力供应由"丰余枯缺"转为"丰裕枯余"，弃水电量逐年增加，弃水电量已占全年发电量的10%以上；天然气供过于求的矛盾开始显现，产能利用率下滑。

2. 能源结构进一步优化

非化石能源消费迅速增长。2010～2017年，四川省非化石能源消费量的年均增速高达12.2%，非化石能源消费量在能源消费结构中的占比从2010年的26%增长到2017年的43%，能源消费结构十分清洁。

3. 清洁能源输出特征明显，但可再生能源的后续发展面临多重瓶颈

电力的输出特征最为突出。四川省2017年外送电量达1364亿千瓦·时，相当于2010年外送电量的8.8倍和2017年发电量的39.3%，电力的能源自给率稳定上升，从2010年的116%增长到2017年的158%。在大规模的外送电力中，水电是主要来源。然而，随着四川省水电资源开发程度的提高，经济性好、利于开发的站址资源已基本开发完毕，后续的水电开发成本将随着移民安置、生态保护压力的增大而不断增加，而高成本的水电明显将不具备价格优势；除水电外，风、光等清洁能源资源分布远离负荷中心，就地消纳利用难度大，而目前电网通道难以满足可再生能源外送需求。

4. 能源系统整体效率不高，仍属于低产出高耗能地区

能源加工转换、储运和终端利用的综合效率较低，不同能源系统的集成互补、梯级利用程度不高。2016年，四川省单位地区生产总值能耗为0.67吨标准煤/万元，不仅高于中国平均水平（0.57吨标准煤/万元），更远高于浙江省、江苏省等发达省市的水平。

5. 部分能源指标落后于中国平均水平

根据表2.1，四川省天然气占终端用能比重虽然高于中国平均水平，但仍低于

发达国家水平和世界平均水平，发电用天然气占天然气消费量的比重更是低于中国平均水平。非化石能源消费占比远高于中国、美国、日本及世界平均水平。电煤占比远低于中国和世界平均水平，但煤炭清洁利用程度不高。人均能耗与世界平均水平相近，但仍落后于中国平均水平。

表 2.1 四川省与中国、世界能源相关数据对比

指标	四川省	世界	中国	美国	日本
人均能耗/吨标准煤	2.36	2.56	3.14	10.1	5.05
人均电耗/(万千瓦·时)	0.25	0.33	0.42	1.34	0.82
人均 CO_2 排放/吨	4.15	4.56	6.68	17.1	9.51
单位地区生产总值电耗/(千瓦·时/万元)	638	523	847	385	381
单位地区生产总值 CO_2 排放/(吨/万元)	1.04	0.73	1.33	0.49	0.44
非化石能源消费占比/%	29.6	14.0	11.8	14.0	8.3
电力占终端用能比重/%	33.4	25	21	24	30
电煤占比/%	16.7	50	50	81	58
天然气占终端用能比重/%	10.2	15	5	23	10
发电用天然气占天然气消费量的比重/%	3	31	17	33	70

二、重庆能源资源禀赋及发展特征

（一）能源资源禀赋及开发情况

重庆市能源资源总体匮乏，"贫煤少水、富气无油"，属于一次能源匮乏地区。

1. 水力资源贫乏

重庆市的水力资源技术可开发量约为 981 万千瓦，经济可开发量为 820 万千瓦，已基本开发完毕。截至 2017 年底，重庆市水电装机 735 万千瓦，占技术可开发量的比例已达 75%。抽水蓄能电站方面，由于站址资源有限，目前除已开工的蟠龙抽蓄 120 万千瓦外，仅丰都栗子湾抽蓄 120 万千瓦正在开展前期工作。

2. 煤炭资源储量少

重庆市的煤炭品质不高且开采条件差，属贫煤区。已探明的煤炭基础储量为 19.4 亿吨，目前开发利用程度已达 70%，本地煤炭供应能力有限。

3. 天然气资源丰富

目前已探明重庆市天然气可采储量为 3800 亿米^3，约占全国的 1/10。此外，重庆市页岩气资源富集，可采资源量为 2 万亿米^3，列全国第 3 位。根据《中国能源统计年鉴 2018》，2017 年，重庆市的天然气产量达 60.7 亿米^3，较上年（51.8

亿米^3）上涨约 17%。随着逐步扩大页岩气的开发，2020 年重庆市的天然气产量（含页岩气）达 280 亿米^3。

4. 风能资源较贫乏，太阳能资源有限

重庆市的风能技术可开发量约 200 万千瓦，属于风能贫乏地区。此外，重庆市的年均日照小时数为 1100 小时，属太阳能资源一般地区，初步估算可开发量约 970 万千瓦。

5. 石油资源缺乏

重庆市的一次能源储备具有"富气无油"的特点，其石油储量极度匮乏。根据《中国能源统计年鉴 2018》，2017 年重庆市没有原油产出。

6. 能源分配分析

重庆市一次能源供应以原煤、天然气和非化石能源为主，其中原煤大部分来自外部调入（占原煤供应量的 62.7%），自产天然气除满足本地消费需求外，少部分调出（约 15%）。2016 年，重庆市能源生产总量为 0.378 亿吨标准煤，其中原煤占比 43.9%，天然气占比 33.0%，非化石能源占比 21.7%。2016 年重庆市一次能源消费总量为 0.839 亿吨标准煤，能源自给率仅为 49.4%，总体属于能源调入地区。

2020 年，重庆市的发电装机总量为 2475 万千瓦，其中水电装机总量为 779 万千瓦，火电装机总量为 1532 万千瓦，风电装机总量为 97 万千瓦，光伏发电装机总量为 67 万千瓦。这表明重庆市的电力供应仍以火电为主，水电为辅，且风电和光伏发电的装机总量较小，这是由于重庆市自然资源储备具有"贫煤少水、富气无油"的特点，电力清洁化程度较低。2019 年，重庆市发电总量为 811.55 亿千瓦·时，用电总量为 1160.19 亿千瓦·时，省内发电总量远低于用电总量，具有电力输入的特征。终端能源消费结构方面，煤炭占比 29.2%，油品占比 14.2%，天然气占比 13.5%，电力占比 33.7%，热力和其他能源占比 9.4%。原煤大部分来自外省调入，能源自给率为 40.2%，并大量输出洗煤产品（洗煤的能源自给率达 157.8%）；油品消费主要依赖调入；天然气除了供应省内消费外还有较少部分调出，能源自给率为 108.0%；电力输入特征比较明显，能源自给率为 76.2%。从终端消费部门来看，重庆市最大的终端能源消费部门是第二产业，其能源消费量占终端能源消费量的 61.6%。

（二）能源发展特征

1. 一次能源产量明显下行，原煤产量快速缩减

2016 年，重庆市一次能源生产总量相比于 2015 年减少了 21.7%，其中原煤产量下降 33.8%;非化石能源产量平稳增长;天然气产量则显著增长,2016年产量相当于 2014 年的 5.6 倍。

2. 未来能源保供形势严峻

重庆市长期以来都是能源的输入地区。与逐渐缩减的能源供应相反的是,随着重庆市的不断发展,能源消费量以 6%的年均增速稳步增长,能源自给率呈逐步降低趋势,未来将更加依赖外部能源输入。根据表 2.2,重庆市的单位地区生产总值电耗低于中国平均水平,与世界平均水平基本持平,但仍然高于美国、日本这两个发达国家的水平。重庆市单位地区生产总值 CO_2 排放明显低于中国平均水平,但仍然高于世界平均水平,且远高于美国、日本的水平。此外,重庆市的非化石能源消费占比高于中国平均水平、世界平均水平以及美国、日本的水平,说明重庆市的能源清洁程度更高。

表 2.2 重庆市与中国、世界能源相关数据对比

指标	重庆市	世界	中国	美国	日本
人均能耗/吨标准煤	2.71	2.56	3.14	10.1	5.05
人均电耗/(万千瓦·时)	0.30	0.33	0.42	1.34	0.82
人均 CO_2 排放/吨	5.21	4.56	6.68	17.1	9.51
单位地区生产总值电耗/(千瓦·时/万元)	528	523	847	385	381
单位地区生产总值 CO_2 排放/(吨/万元)	0.91	0.73	1.33	0.49	0.44
非化石能源消费占比/%	16.4	14.0	11.8	14.0	8.3
电力占终端用能比重/%	36	25	21	24	30
电煤占比/%	31	50	50	81	58
天然气占终端用能比重/%	12.4	15.0	5.0	23.0	10.0
发电用天然气占天然气消费量的比重/%	5	31	17	33	70

三、云南能源资源禀赋及发展特征

(一)能源资源禀赋及开发情况

云南省能源资源以水能、煤炭、太阳能和风能为主,水力资源、风光资源丰富,油气资源相对匮乏。

1. 水力资源丰富

云南省理论蕴藏量水电装机容量为 10 439 万千瓦,年发电量为 9144 亿千瓦·时。水力资源技术开发量为 1.02 亿千瓦,年发电量为 4919 亿千瓦·时。经济可开发量水电装机容量为 9795 万千瓦,年发电量为 4713 亿千瓦·时。截至 2020

年底，云南省水电装机容量为7556万千瓦，开发程度为72.4%，水电后续开发空间较大。中小水电资源基本开发完毕，金沙江后续项目、怒江水电开发愈加困难，建设成本高昂。

2. 煤炭资源储量较少

云南省煤炭资源查明储量为295.3亿吨，受制于规划、产业政策等因素影响，煤炭资源后备储备开发和部分煤矿矿区总体规划工作尚未开展。2018年6月，云南省的煤炭产能为3202万吨，2018年12月增加为4214万吨。2019年12月，云南省的煤炭产能为4178万吨，煤矿数量为121个，平均产能规模较小，为35万吨。其中曲靖市煤矿数量为84个，产能为2156万吨，占云南省煤炭产能的51.6%。

3. 风能、太阳能资源较丰富

云南省具有较为丰富的风能、太阳能等可再生资源。云南省处于太阳能资源很丰富带，地处云贵高原中部，年均日照小时数达2400小时，阳光资源四季分布均匀，太阳能资源很丰富，资源量在1400～1750千瓦·时/（米^2·年）。云南省多数山区风能分布广泛，风向稳定，冬春季极具开发价值。国家气象局统计报告显示，在陆地70米高度，云南地区风能资源可利用面积为6373千米^2，技术开发量为2066万千瓦，潜在开发量为4972万千瓦。在陆地80米高度，风速大于或等于6米/秒，年可利用小时数大于或等于1800小时的基础条件下，云南省风能资源可利用面积为2.5万千米^2，技术开发量为3108万千瓦，潜在发电量为733亿千瓦·时。云南省陆上风能资源潜力为14 168万千瓦。目前，云南省已规划风电3600万千瓦，光伏发电1000万千瓦。

4. 石油、天然气资源匮乏

云南省油气资源储量很少，基本依赖省外供应。根据《中国能源统计年鉴2018》，2017年，云南省的石油产量几乎为0，天然气产量仅为0.04亿米^3。

5. 能源分配分析

云南省一次能源供应以水电、原煤为主，天然气基本依赖省外调入。2016年，云南省能源生产总量为1.504亿吨标准煤，其中非化石能源占比75.9%，原煤占比20.7%。2016年云南省能源消费总量为1.379亿吨标准煤。终端能源消费结构方面，煤炭占比38.8%，油品占比18.1%，天然气占比0.9%，电力占比42.0%，热力占比0.2%。煤炭除省内自产外，还从外省调入大量原煤（0.292亿吨标准煤），原煤能源自给率为52.4%；油品、天然气消费依赖外部成品油和天然气调入；电力输出特征明显，能源自给率高达190.9%。

(二) 能源发展特征

1. 能源结构绿色化、低碳化

2020年,云南省的发电装机总量为10 341万千瓦,其中水电装机总量为7556万千瓦,火电装机总量为1511万千瓦,风电装机总量为881万千瓦,光伏发电装机总量为393万千瓦。云南省已形成水电为主、火电为辅的电力供应格局,且云南省的风、光资源丰富,其风电和光伏发电的装机总量大,水电、风电和光伏发电的装机总量占总装机总量的85%,具有明显的清洁特征。2020年,云南省的发电总量为3674亿千瓦·时,用电总量为2026亿千瓦·时,省内发电总量远高于用电总量,具有电力输出的特征。

2. 能源产业成地区经济发展主力

"十二五"期间,云南省能源产业累计完成工业增加值达到3330亿元,较"十一五"翻一番,能源产业已成为全省仅次于烟草的第二大支柱产业,电力、煤炭行业也已成为仅次于烟草行业的全省第二、第三大税源,能源产业的支柱性地位进一步巩固提升。

3. 一次能源供应以非化石能源为主、煤为辅

煤炭产量下行趋势明显,2019年原煤占比为23.4%;一次电力产量明显提升,2019年占比为75.3%;电力生产结构以水电为主(2019年占比约为82.4%);水电占比逐年增长;火电占比逐年下降。煤炭消费量下降明显,2019年占比34.57%;油品消费量基本稳定,2019年占比为17.63%;天然气消费量较低;一次电力消费量增长迅速。

4. 油气供应能力正逐步增强

中缅油气管道的贯通和炼化建设改变了云南省"缺油少气"的状况,"十三五"期间,中缅油气管道建设进一步发挥了国家陆上油气进口通道的作用。二期工程建成后,原油和天然气进口能力可分别达到2200万吨/年和120亿米^3/年。依托中缅油气管道,云南省成品油储运能力快速发展,建成商业及社会成品油库共计34座,库容92万米^3,建成加油站3600余座。

5. 水电资源丰富,但弃水问题日益严重

从表2.3中看到,云南省的电力占终端用能比重和非化石能源消费占比均远高于中国平均水平、世界平均水平和美国、日本水平,这说明云南省具有丰富的水电资源,且水电资源得到了有效的开发和利用。但是,目前存在的弃水问题严重影响了区域经济社会发展,亟须扩大消纳,同时水电价格低导致发电企业生存困难,且税费政策和管理制度不到位导致水电后续开发的压力及成本变高。

表 2.3　云南省与中国、世界能源相关数据对比

指标	云南省	世界	中国	美国	日本
人均能耗/吨标准煤	2.23	2.56	3.14	10.1	5.05
人均电耗/（万千瓦·时）	0.30	0.33	0.42	1.34	0.82
人均 CO_2 排放/吨	3.51	4.56	6.68	17.1	9.51
单位地区生产总值电耗/（千瓦·时/万元）	953	523	847	385	381
单位地区生产总值 CO_2 排放/（吨/万元）	1.13	0.73	1.33	0.49	0.44
非化石能源消费占比/%	41.7	14.0	11.8	14.0	8.3
电力占终端用能比重/%	45.5	25.0	21.0	24.0	30.0
天然气占终端用能比重/%	3.7	15.0	5.0	23.0	10.0

四、贵州能源资源禀赋及发展特征

（一）能源资源禀赋及开发情况

1. 水力资源丰富

贵州省的水能资源技术开发量为 1948 万千瓦，居全国第六位。目前，贵州省水能资源已基本开发完毕。

2. 煤炭资源丰富

贵州省具有丰富的煤炭资源，全省埋深 1000 米以内浅煤炭资源量达 1586 亿吨，位列全国第五。目前，贵州省的煤炭产量呈逐年下降的趋势，2017 年，贵州省的原煤产量为 16 344 万吨，而 2016 年的原煤产量为 16 851 万吨，2015 年的原煤产量为 17 205 万吨。

3. 风能、太阳能资源较丰富

贵州省处于太阳能资源丰富带，太阳能资源量在 1050～1400 千瓦·时/（米^2·年）。但贵州省多阴雨天气，比同纬度其他地区日照小时数明显偏少，太阳能资源总量偏低。贵州省风能资源较差，气候条件恶劣，地形崎岖。国家气象局统计报告显示，在陆地 80 米高度，风速大于或等于 6 米/秒，年可利用小时数大于或等于 1800 小时的基础条件下，贵州省风能资源可利用面积为 1.3 万千米^2，技术开发量为 1654 万千瓦，潜在发电量为 357 亿千瓦·时。贵州省陆上风能资源潜力为 6247 万千瓦。

4. 天然气资源匮乏

贵州省属于天然气缺乏的地区，根据《中国能源统计年鉴 2020》，2019 年，贵州省的天然气产量为 3.15 亿米^3，较 2018 年的 2.97 亿米^3 上涨约 6.1%。

5. 石油资源短缺

与重庆市一样,贵州省也具有石油资源短缺的特点。根据《中国能源统计年鉴 2018》,贵州省没有原油产出,其石油消费主要依赖外部输入。

6. 能源分配分析

贵州省一次能源供应以原煤为主,此外还有一部分来自非化石能源(主要为水电)。2019 年,贵州省能源生产总量为 1.16 亿吨标准煤,其中原煤产量为 0.89 亿吨标准煤,占比为 76.7%,非化石能源供应 0.27 亿吨标准煤,占比为 23.3%。2016 年贵州省一次能源消费总量为 0.994 亿吨标准煤,综合能源自给率为 138.8%,属于能源输出地区。

2020 年,贵州省的发电装机总量为 7478 万千瓦,其中水电装机总量为 2281 万千瓦,火电装机总量为 3560 万千瓦,风电装机总量为 580 万千瓦,光伏发电装机总量为 1057 万千瓦。贵州省的发电装机具有水、火并行的特点,且风电和光伏发电的装机总量较高,这与贵州省具有丰富的水力资源、煤炭资源和风、光资源有关。2020 年,贵州省的发电总量为 2327 亿千瓦·时,用电总量为 1586 亿千瓦·时,省内发电总量远高于用电总量,具有电力输出的特征。

终端能源消费结构方面,煤炭占比 42.2%,油品占比 15.9%,天然气占比 1.6%,电力占比 40.3%。煤炭除满足省内消费需求外,还有少量原煤以及大量的洗煤、焦炭产品调出,其中洗煤的能源自给率高达 222.5%;油品基本依赖外部调入;天然气消费本地供应有限,除少部分(仅 20%)由本地供应外,其余均需由外部调入;电力有相当部分调出,能源自给率为 155.1%,其中煤电是贵州省目前电力供应的主要来源(61.6%),而非化石能源电力约占总发电量的 38.4%。

从终端消费部门来看,贵州省最大的终端能源消费部门是第二产业,其能源消费量占终端能源消费量的 50%,第三产业用能占比较高,约为 32%。

(二)能源发展特征

1. 水电已基本开发完毕,一次能源供应以煤为主

煤炭产量有下降趋势,但在一次能源总量中的占比仍较高(2017 年占比为 81.4%)。电力生产结构以火电为主(约为 60%)。油品消费量基本稳定,一次电力消费量增长较为迅速。

2. 能源合作取得重大突破

油气互联方面,随着中缅、中贵管道建成通气,可供贵州省每年下载 30 亿米^3,结束了全省无管道天然气的历史。电力互联方面,积极拓展与周边地区的合作,

贵州省二郎电厂、贵州华润电力毕节电厂送重庆市的工程已落实，二郎电厂一期工程（2×66万千瓦）送重庆市已于2015年底建成，增进了省界电力互换。

3. 煤炭消费占比偏高，且煤炭清洁利用水平较低

2016年贵州省煤炭终端消费占比42.2%，高于全国平均水平；天然气终端消费占比仅1.6%，远低于全国平均水平。煤炭深加工仍以煤焦化、煤制甲醇、煤制合成氨等传统煤化工为主，煤制烯烃、煤制清洁燃料等新型煤化工产业发展滞后；煤层气（煤矿瓦斯）、煤矸石、矿井水利用率和煤炭入选率分别低于全国平均水平13个、14个、33个和3个百分点。煤炭清洁高效利用水平不高。

4. 节能减排任务重

如表2.4所示，贵州省单位地区生产总值电耗、单位地区生产总值CO_2排放均高于中国平均水平，能效水平较低。此外，贵州省的天然气占终端用能比重远低于中国平均水平，这是由于贵州省内的天然气储藏资源匮乏，且产量低。

表2.4 贵州省与中国、世界能源相关数据对比

指标	贵州省	世界	中国	美国	日本
人均能耗/吨标准煤	2.88	2.56	3.14	10.1	5.05
人均电耗/（万千瓦·时）	0.35	0.33	0.42	1.34	0.82
人均CO_2排放/吨	5.51	4.56	6.68	17.1	9.51
单位地区生产总值电耗/（千瓦·时/万元）	1053	523	847	385	381
单位地区生产总值CO_2排放/（吨/万元）	1.66	0.73	1.33	0.49	0.44
非化石能源消费占比/%	16.8	14.0	11.8	14.0	8.3
电力占终端用能比重/%	37.2	25	21	24	30
天然气占终端用能比重/%	1.6	15	5	23	10

五、西藏能源资源禀赋及发展特征

（一）能源资源禀赋及开发情况

1. 清洁能源资源丰富，开发利用难度大

西藏自治区水电资源、光伏资源极为丰富，但开发程度较低。西藏自治区水力资源技术可开发量达1.74亿千瓦，位居全国第一，水力资源极为丰富，主要分布在雅鲁藏布江、怒江、澜沧江、金沙江及其支流上，其中金沙江900万千瓦、澜沧江800万千瓦、怒江1500万千瓦、雅鲁藏布江8000万千瓦。西藏自治区还是全球太阳能最丰富的地区之一，年太阳总辐射量高达5400~8000兆焦/米^2。与此同时，西藏自治区山高谷深的地形地理特征、生态环境保护的高标准为西藏自

治区清洁能源的开发利用提出了很高的要求。

2. 开发程度不高，未来发展空间大

尽管拥有丰富的能源资源，西藏自治区自身的能源需求很低、藏电大规模外送又尚未具备条件，目前西藏自治区丰富的清洁能源资源开发利用程度有限。根据西藏自治区2015年水能资源复查成果,西藏自治区水能资源理论蕴藏量约2.15亿千瓦，年发电量约18 817亿千瓦·时；经济可开发量约1.18亿千瓦，年发电量约5763亿千瓦·时。新能源资源方面，西藏自治区太阳能资源居全国首位，太阳能技术可开发量约7亿千瓦；风能技术可开发量约1.8亿千瓦；地热资源理论可采资源量约3亿千瓦，发电潜力约110万千瓦。截至2019年底，西藏自治区水电已开发容量约为技术可开发容量的0.9%，地热已开发容量约为技术可开发容量的3.8%，全区清洁可再生能源装机容量不到资源总量的1%，能源资源开发程度较低，未来开发空间巨大。

（二）能源发展特征

1. 装机规模持续扩大，能源结构清洁化

目前西藏自治区正不断推动能源产业发展，2014年历史性实现电力供需平衡，2015年首次实现清洁电量外送，藏中电网和昌都电网联网工程、阿里电网与藏中电网联网工程有序推进，正逐步建立起以水电、光伏发电为主的清洁能源产业。截至2019年底，西藏自治区电网总装机容量为345万千瓦，发电利用小时数为2562小时。其中，水电装机170万千瓦，太阳能装机128万千瓦，风电装机1万千瓦，地热装机4万千瓦，其他装机42万千瓦。西藏自治区认真落实国家清洁能源发展战略，大力支持新能源发展，清洁能源并网装机规模达到298万千瓦，占总装机容量的87%。全年清洁能源发电量为81.42亿千瓦·时，同比增长52%；外送电量为17.31亿千瓦·时，同比增长96%。

2. 电力供应的安全稳定面临挑战

西藏自治区的电力需求增长迅速，预计到2050年西藏自治区饱和用电负荷约700万千瓦，需电量约290亿千瓦·时。考虑区内电源建设的实际进度和装机规模，远期藏中电网、阿里电网枯期将出现严重的缺电问题。"十四五"时期西藏自治区清洁能源开发外送应服从西藏自治区整体开发外送规划，合理有序统筹电源组织和配套输电通道规划，确保清洁能源充分利用。为满足西藏自治区自身用电需求，清洁能源开发与外送应充分考虑枯期电力留存，合理安排送电曲线。同时，经济发展和居民生活对供电质量、供电可靠性的要求越来越高，电网保障供应的压力依然很大，电力发展的需求和动力依然强劲。

六、西南地区能源发展总体特征

(一) 清洁能源资源丰富,分布差异大

1. 西南地区整体的能源资源禀赋主要体现在石油短缺,水、可再生资源丰富,煤、气丰富但分布不均

清洁能源资源方面,西南地区水能、天然气资源十分丰富。2019年,四川、云南水电装机容量分别达到7846万千瓦和6779万千瓦,分处全国的第一和第二位,仅四川、云南两省的水电装机容量就占到了全国水电装机总量的40%以上,可见水能资源十分富集;根据国家统计局发布的数据,西南地区天然气资源十分丰富,基础储量达到15 925.08亿米^3(2016年),占全国总量的29.3%,且主要分布在四川、重庆。

其他化石能源资源方面,西南地区还具有一定规模的煤炭资源,总储量为241.87亿吨,相当于全国总储量的9.7%,主要分布在贵州;与丰富的水能、天然气资源赋存不同的是,西南地区石油资源稀缺,基础储量仅902.5万吨,仅占全国石油基础储量的0.3%。

2016年西南地区化石能源资源储备的详细数据如表2.5所示。

表2.5 2016年西南地区化石能源资源储量

基础储量	煤炭/亿吨	石油/万吨	天然气/亿米^3
重庆	18.03	266.9	2726.9
四川	53.21	623.4	13 191.61
云南	59.58	12.2	0.47
贵州	110.93	0*	6.1
西藏	0.12	0*	0*
西南地区	241.87	902.5	15 925.08
全国	2 492.3	350 120.3	54 365.5
西南/全国	9.7%	0.3%	29.3%

注:根据国家统计局发布的数据整理
*储量较小可忽略

2. 能源资源禀赋分布差异特征明显

西南地区能源资源禀赋具有明显的差异化分布特征:四川水、气丰富,少油少煤;重庆贫煤少水,富气无油;云南水、可再生资源丰富,但缺油少气、少煤;贵州煤炭丰富,缺油少气,水能较丰富;西藏水能、太阳能资源十分丰富。

3. 能源生产清洁化趋势明显

一次能源生产方面,从近年来的发展趋势看,西南地区各省区市的一次能源产量构成中,煤炭产量都出现了明显的缩减,尤其是四川、重庆和云南;与此同时,清洁能源产量明显增加,一次电力增长明显,天然气供应稳步增长。与全国一次能源供应的构成相比,西南地区能源生产表现出了明显的清洁特征,且呈现出了进一步清洁化的趋势。2016年,西南地区四省市(除西藏)一次能源产量构

成中，一次电力和天然气分别占到了 46.9% 和 9.6%，均高于全国平均水平。

电力生产方面，西南地区整体的清洁化程度高，水电发电量占比均高于全国平均水平（图2.1）。2016 年，西南地区水电发电量占比达到了 71.4%，其中西藏、四川、云南三省区的水电发电量占比分别高达 90.3%、87.1% 和 84.6%，清洁化程度高。

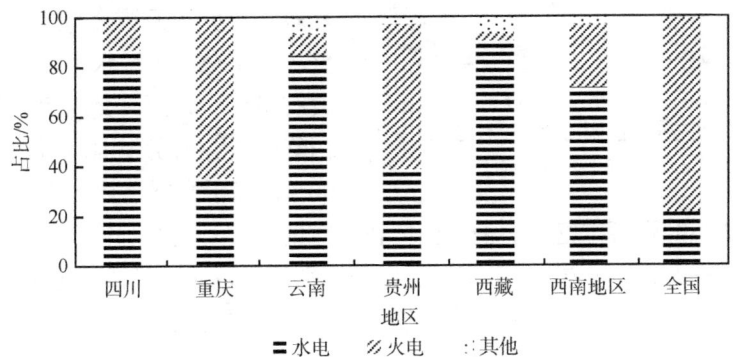

图 2.1　西南地区发电量构成与全国对比（2016 年）
资料来源：《中国能源统计年鉴 2017》

（二）能源消费结构处于优化调整之中

1. 西南地区以一次能源表示的能源消费结构较清洁，终端能源消费结构尚需优化

从一次能源消费的构成和发展趋势来看，西南地区近年来煤炭消费量有所控制，在能源消费结构中的占比从 2013 年的 52% 下降到了 2017 年的 42%；油品消费量稳定增长，在能源消费结构中的占比从 2013 年的 18% 增长到了 2017 年的 21%；天然气消费量稳定增长，在能源消费结构中的占比从 2013 年的 7% 增长到了 2017 年的 9%；电力消费量明显增长，在能源消费结构中的占比从 2013 年的 23% 增长到了 2017 年的 28%（图 2.2）。可见，西南地区的能源消费结构处于不断调整之中。与全国的能源消费结构（2017 年全国能源消费构成中煤、油气、电的比例为 60∶26∶14）相比，西南地区能源消费构成中煤、油气、电的比例为 42∶30∶28，煤炭消费占比大幅低于全国，电力和天然气消费占比均高于全国（图 2.3），能源消费结构更加清洁。

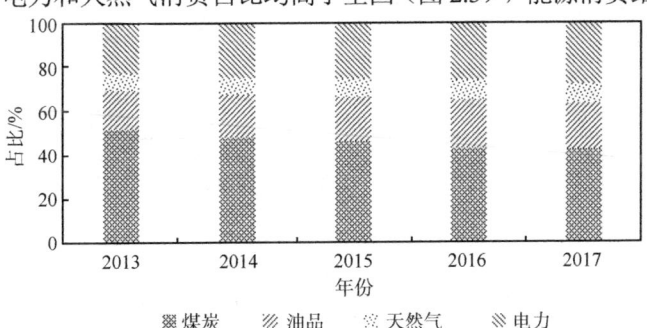

图 2.2　西南地区能源消费结构
资料来源：各省区市统计年鉴

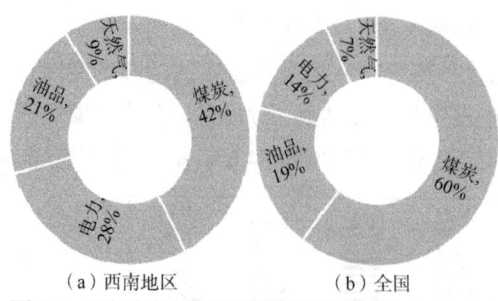

图 2.3 西南地区与全国能源消费结构对比（2017 年）
资料来源：各省区市统计年鉴、《中国能源统计年鉴 2017》

西南地区终端能源消费结构尚需优化。从终端消费结构（图 2.4）来看，西南地区工业、交通运输和邮政等部门的终端能源消费中煤、油的占比仍然较高，虽然天然气的终端消费占比整体高于全国平均水平，但问题也比较突出：一方面，交通运输和邮政部门终端能源消费中油品所占比例将近 90%，高于全国平均水平，考虑到西南地区清洁能源资源丰富、石油资源比较匮乏的事实，交通运输和邮政部门电气化水平急需提升；另一方面，西南地区电力终端消费占比明显低于全国平均水平，尤其在工业部门、批发零售和住宿餐饮部门表现得更为突出，未来有必要在能源消费革命中在这些终端消费部门注重实施电能替代。

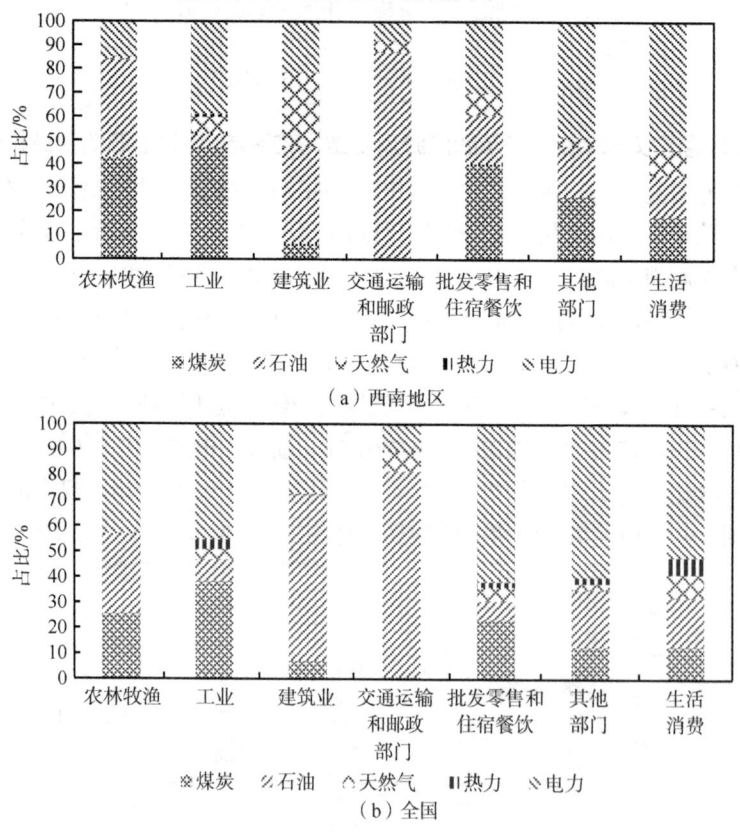

图 2.4 西南地区各部门终端能源消费结构与全国对比（2016 年）
资料来源：根据《中国能源统计年鉴 2017》计算整理

2. 西南地区各省区市能源供需差异明显

如图 2.5 所示，西南地区总体属于能源调入地区，综合能源自给率为 88.4%。其中，油品消费基本依赖区外的大量调入，能源自给率仅 0.1%；电力和天然气输出特征明显，能源自给率分别为 126.2% 和 113.6%；煤炭生产量和消费量基本实现对等，能源自给率为 94%（上述能源自给率均为 2017 年数据）。

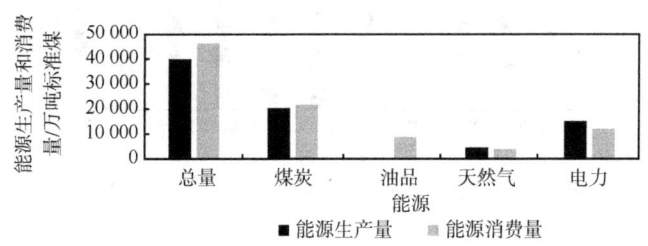

图 2.5 西南地区分能源品种生产、消费情况

从不同区域来看：重庆属于能源调入地区，综合能源自给率仅 45%，煤、油、气、电的本地生产量均不足以满足本地需求，需要从外部调入，其中煤炭调入量最大；四川向外输出大量电力，但因缺乏油品和煤炭资源，需从省外调入煤炭和油品，综合能源自给率为 82%；云南和四川类似，在向外调出电力的同时也调入煤炭和油品，但综合能源自给率大于 1（109%），总体属于能源自给自足地区；贵州总体属于能源输出地区，主要输出煤炭（洗煤）和电力，综合能源自给率为 139%。从能源类型来看：电力方面，除重庆外，四川、云南、贵州均属于输出地区；煤炭方面，除贵州外，四川、重庆、云南均属于输入地区；油品（含原油）方面，西南地区四省市均属于输入地区，油品消费高度依赖区外调入；天然气方面，四川、重庆属于输出地区，云南、贵州则属于输入地区。

第二节 西南地区经济社会、生态环境基本特征

一、四川经济社会、生态环境基本特征

（一）经济社会特征

2017 年四川地区生产总值达 36 980.2 亿元，同比增长 8.1%；进入"十二五"后，经济增速回落明显，略高于全国平均水平（图 2.6）。

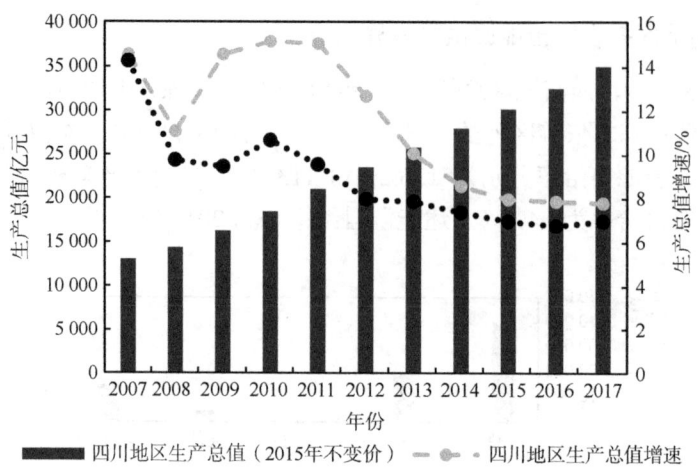

图 2.6 四川省近年地区生产总值增长情况与全国对比
资料来源：国家统计局网站

四川近年产业结构不断优化（图 2.7）：第一产业占比下降趋势明显。与全国水平相比，四川第一产业占比（11.5%/8.6%）、第二产业占比（44.3%/39.9%）偏高，第三产业占比（44.2%/51.6%）则偏低；未来第一产业、第二产业占比将进一步降低，第三产业占比则还有很大上升空间。

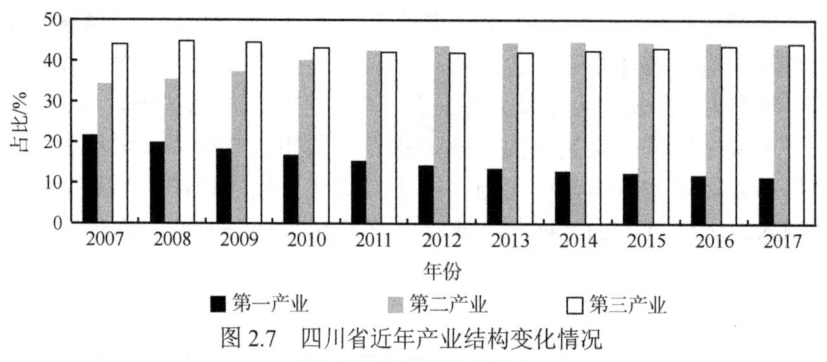

图 2.7 四川省近年产业结构变化情况
资料来源：国家统计局网站

（二）生态环境特征

大气、水、土壤等环境污染问题突出，部分地区生态脆弱，自然灾害频发，其中草原退化面积高达 1.56 亿亩（1 亩≈666.7 米^2），占可利用草原面积的 58.7%，天然草原平均超载率为 10.03%，草原承载压力较重；土地荒漠化呈蔓延趋势，荒漠化面积为 2385 万亩（石漠化土地 1095 万亩、沙化土地 1290 万亩）；川西高原、川西南山区和盆周山区极端气候天气频发，发生重特大森林草原火灾、森林草原病虫害和外来生物入侵风险日益加大；控制污染物排放任务艰巨，成都市以及四川盆地已成为我国雾霾天气发生的主要区域。

二、重庆经济社会、生态环境基本特征

（一）经济社会特征

重庆经济一直保持较高速度增长（图2.8），进入新常态后，经济增速换挡回落，但仍高于10%，高于全国平均水平。考虑重庆经济发展较全国具有"后发优势"，其经济增速将始终高于全国平均水平，但参考发达省市发展历程，长期来看二者会逐步接近。

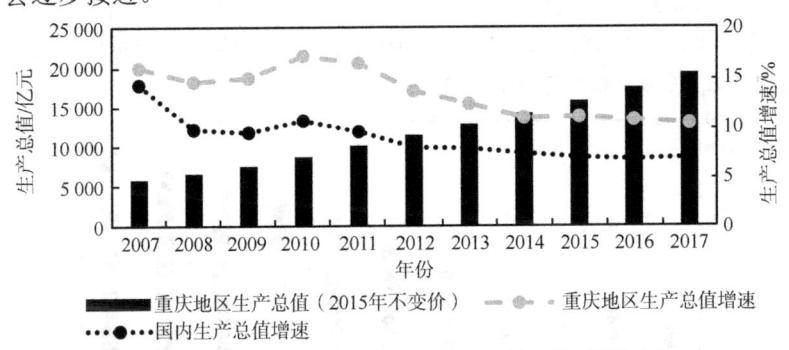

图2.8 重庆市近年地区生产总值增长情况与全国对比

资料来源：国家统计局网站

重庆产业结构在不断优化（图2.9），第一产业占比下降趋势明显，第二产业占比稳中有升；与全国水平相比，重庆第三产业占比（48.0%/51.6%）偏低，第二产业占比（45.5%/39.9%）偏高。

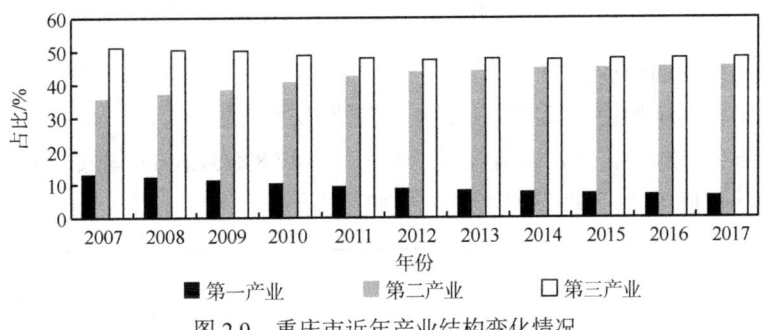

图2.9 重庆市近年产业结构变化情况

资料来源：国家统计局网站

（二）生态环境特征

工业化、城镇化的推进仍将面临资源环境约束趋紧的重大挑战。重化工业所占比重仍较大，控制能源消费总量、碳排放总量形势严峻。环境质量改善的拐点尚未到来，污染物排放总量仍然高于环境容量。空气污染明显突出，主城区PM_{10}、

PM$_{2.5}$年均浓度仍然超标。此外,重庆还是全国八大石漠化严重发生地区之一和水土流失最严重地区之一,水土流失、石漠化、开发建设活动造成生态破坏等问题比较严重。

三、云南经济社会、生态环境基本特征

(一)经济社会特征

在全国经济增速下行的大背景下,云南的国民经济发展稳中有升。2014~2017年,云南地区生产总值增速持续提高。2017年,云南地区生产总值达16 531.34亿元,比上年增长9.5%,高于全国2.6个百分点(图2.10)。

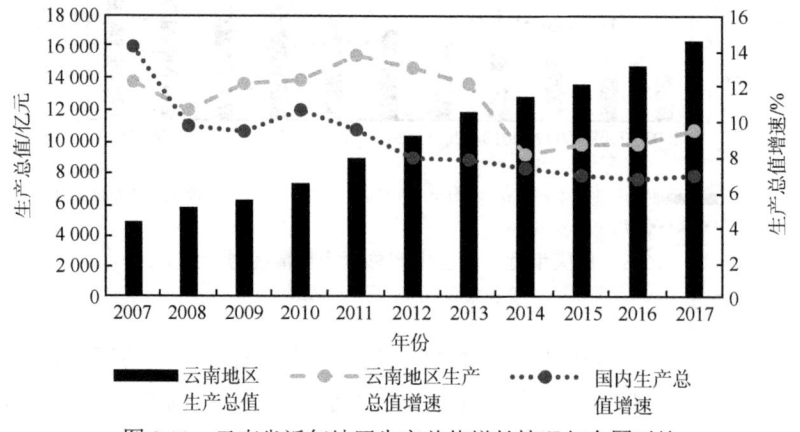

图2.10 云南省近年地区生产总值增长情况与全国对比
资料来源:国家统计局网站

此外,云南的产业结构有所优化(图2.11)。"十二五"以来,云南产业结构调整的步伐逐步加快,第三产业、第二产业占比一增一降,产业结构调整正逐步深化。与全国水平相比,云南第三产业占比(47.8%/51.6%)偏低,第二产业占比与全国基本持平(37.9%/39.9%),更加倚重第一产业(14.3%/8.6%)。

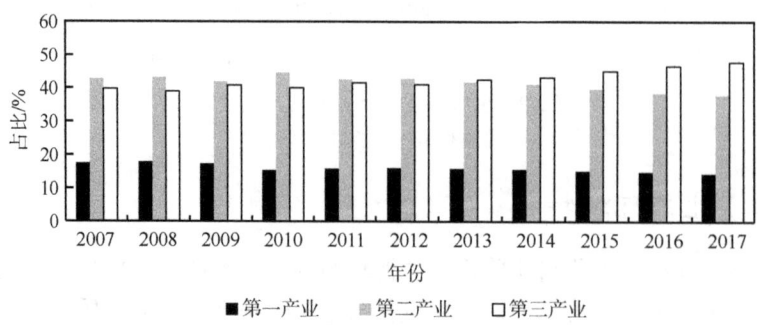

图2.11 云南省近年产业结构变化情况
资料来源:国家统计局网站

云南工业基础薄弱，结构不合理。主要资源性产业处在重化工业产业分工的上游环节（化工、冶金、能源），第二产业用电量占全省全社会用电量的70%以上，且以耗能高、产能过剩的钢铁、有色金属为主（占全社会用电量的近50%）。除部分本地的房地产业和基于本地资源优势的制药产业外，其他的新兴中间产业和最终产业（如材料工业、机械装备工业、大众消费品制造业）都受制于区域分工的条件而无法吸引本地和外地的投资者。现代服务业集中于以资源密集为主的传统服务业中，现代金融和物流服务也没有形成集聚的区域性中心。

（二）生态环境特征

目前云南环境质量总体保持优良（2015年空气质量优良率达到90%，细颗粒物达标率高达98.3%），但局部地区环境问题突出，九大高原湖泊中仍有4个水质为劣Ⅴ类，各河流监测断面中有5.4%显示水质呈劣Ⅴ类，部分河流断面重金属时有超标。部分城市区域及工业聚集区环境质量不容乐观，局部区域土壤重金属污染严重，农业农村污染问题突出。矿产资源开发的生态破坏不容忽视。

四、贵州经济社会、生态环境基本特征

（一）经济社会特征

贵州近年来经济增速基本保持平稳态势，2013~2017年地区生产总值增速稳定在10%~11%（图2.12）。产业结构方面，第一产业占比相对较高，第二产业和第三产业占比持平。2017年，贵州三次产业增加值占地区生产总值的比重分别为14.9%、40.2%和44.9%（图2.13）。近年来，贵州致力于发展大数据、大健康等战略性新兴产业，通过积极争取中央支持、全力吸引外部资源获得了加快发展的强大动力，推动传统产业调整升级和科技资源聚集，文化旅游业成为重要支柱产业，工业化、信息化、城镇化、农业现代化加快推进，以大数据为重点的电子信息产业已成为贵州的五大新兴产业之一，贵州正大力建设全国大数据产业示范基地。

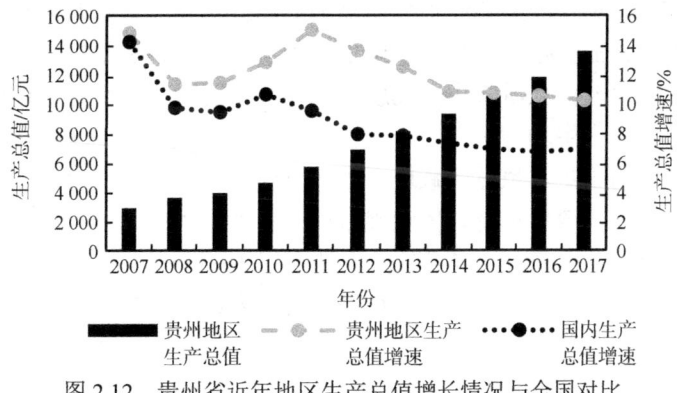

图2.12 贵州省近年地区生产总值增长情况与全国对比

资料来源：国家统计局网站

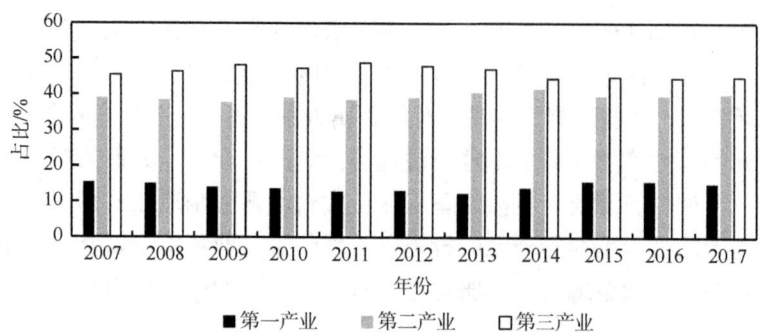

图 2.13 贵州省近年产业结构变化情况
资料来源：国家统计局网站

（二）生态环境特征

根据《2018年度贵州省生态环境状况公报》，贵州总体生态环境形势良好。同时也应看到，贵州生态环境比较脆弱、经济落后、环境保护意识有待加强，在经济发展中仍存在一定的生态环境破坏风险。当前已表现出了一些生态环境问题，包括森林覆盖率下降、水土流失严重、矿区污染严重等。

五、西藏经济社会、生态环境基本特征

（一）经济社会特征

产业总体层次低、规模小，但已经形成具有区域民族特色的优势产业。西藏地区生产总值在全国31个省区市（港澳台地区除外）中居于最后一位，人均地区生产总值居第22位。农牧业基础设施较薄弱，产业化发展水平较低，处于工业化初期的起步阶段，原材料、能源、劳动力成本较高，工业企业普遍规模小、效益低、管理粗放、创新能力差、缺乏竞争力，全区工业增加值占地区生产总值比重始终在8%左右，第二产业就业人数比重偏低，仅占全部从业人员的16%左右，产业集聚度不高。在优势产业上，近年西藏大力培育和发展高原种养、清洁能源、天然饮用水、藏医药、旅游文化、民族手工业等特色产业，努力建设特色优势产业大区，增强发展内生动力。

内生增长动力不足。虽然西藏地区生产总值一直维持两位数增长，但总量基数小，主要依靠中央政策扶持、依赖国家投资拉动。"十二五"期间，中央投资占总投资的36.6%，投资对经济增长的贡献度高达129%，是全国平均水平的2.6倍，社会投资严重不足。"十三五"期间，受国内经济结构调整和经济增速放缓影响，国家投资增长放缓，对口援藏省区市投入有限，区内缺乏有效撬动社会投资的途径，建设资金缺口较大，直接制约了区内经济增长。

(二) 生态环境特征

生态环境脆弱,自我恢复能力不强。西藏地处高原,生态环境十分脆弱,受全球气候变化和人类活动影响较大,极易形成水土流失等环境问题,存在冰湖溃决等自然灾害隐患,生态环境一旦破坏极难修复,自我修复能力弱,保护治理任务艰巨。从季节看,西藏夏季在高原热力作用下气流上升,多形成阵性降水与雷雨天气,冬季则气候寒冷,被干冷的西北风所包围。西藏这种特殊的高原地貌造成它近一半面积的土地不适合生物生长,也很难发展任何产业,生态环境极其脆弱。

自然资源丰富,未来发展潜力大。西藏各类天然草场面积为0.83亿公顷,占全区土地面积的67%,约占中国天然草场面积的26%;森林覆盖面积达632万公顷,占全区土地面积的5%,约占中国森林面积的5.5%,森林总蓄积量为14.4亿米^3,占中国总蓄积量的14%。西藏已探明的矿产达70多种,已探明储量的26种矿产中,有11种的储量分别名列中国的前5位。铬铁矿质量好,品位高达50%左右,已经探明的远景储量居中国之冠;铜矿的远景储量仅次于江西。西藏水能、地热能、太阳能、风能等均非常可观,尤以水能资源最为丰富。西藏平均径流总量约3590亿米^3,年均天然水能蕴藏量约2亿千瓦,约占中国的30%。水能集中在西藏的东南部地区,约占全区的70%,仅雅鲁藏布江干流,天然水能蕴藏量即达8000万千瓦。西藏的地热显示点有600多处,地热能蕴藏量居中国首位。初步估算,西藏地热总热流量为55万千卡/秒(1千卡/秒=4.1841千瓦)。西藏当雄羊八井地热田为中国最大的高温湿蒸汽热田,也是世界大型热田之一。科学开发利用西藏的自然资源,是西藏未来发展的强大动力。

水安全战略地位高。西藏边境线长达4000多千米,涉及墨脱等21个县,分布有雅鲁藏布江、怒江、象泉河等59条跨国河流,是亚洲重要的江河源区和我国水资源安全战略基地,也是面向南亚开放的通道。加快边境地区水利建设,合理开发利用跨界河流水资源,关系国家水安全和发展全局。

西藏是全球珍稀野生动物的天然栖息地和高原物种基因库,是中国乃至亚洲重要的生态安全屏障,是中国生态文明建设的重点地区之一。西藏的生态文明建设和生态环境保护对推动可持续发展、促进中国和全球生态环境保护都有着十分重要的影响,在西藏的能源发展进程中应该对生态环境保护给予高度重视。

六、西南地区经济社会、生态环境总体特征

(一) 经济社会发展水平尚需提高

如图2.14所示,"十二五"以来,西南地区经济整体呈现平稳快速增长。此外,地区生产总值增速高于全国平均水平,西南地区生产总值在国内生产总值中的占比提升明显,从2010年的9.1%上升到2017年的10.7%(图2.15),这表明西南地区

在全国的经济地位正在提升。2017年，在全国七大区域中，西南地区生产总值从总量上已经超过东北地区和西北地区，位居第四，与华北地区的差距也在逐步缩小。

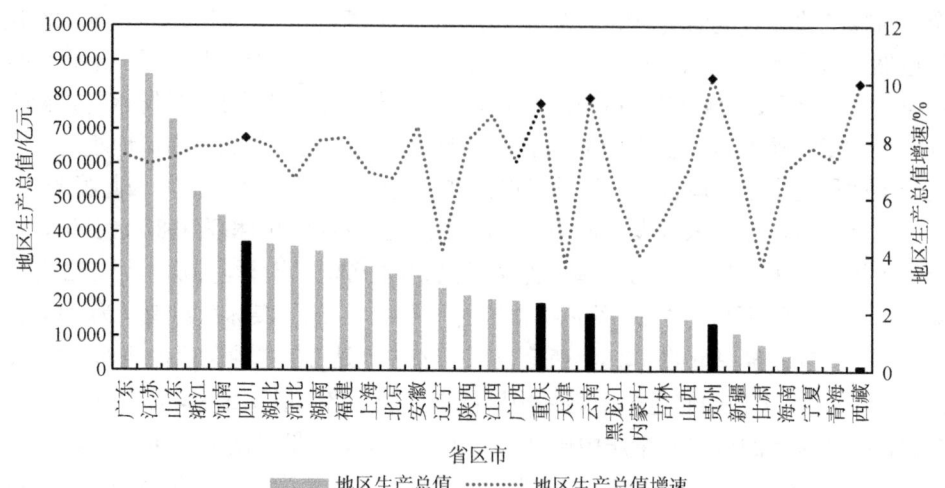

图2.14　全国各省区市（港澳台地区除外）地区生产总值及地区生产总值增速对比（2017年）
资料来源：国家统计局网站

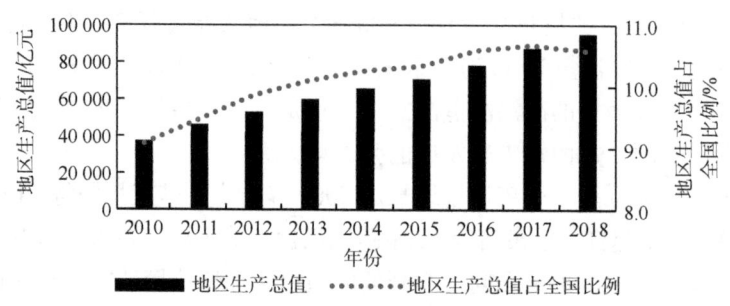

图2.15　西南地区生产总值及其全国占比发展趋势
资料来源：国家统计局网站

尽管已经取得一定的发展成绩，但具体来看，西南地区的经济社会发展在全国仍然处于落后水平。对比各省区市的地区生产总值（图2.14），除四川处于较靠前位置（第六）外，西南地区大部区域均处于较靠后位置，其中贵州和西藏均处于后十位。

从人均地区生产总值的对比（图2.16）来看，除了作为直辖市的重庆处于靠前位置外，西南地区其余省区市均处于垫底位置，其中云南、贵州、西藏的人均地区生产总值分处倒数第二、第三、第四位。整体来看，2017年西南地区的人均地区生产总值仅4.36万元，在全国七大区域中垫底，仅相当于排名第一的华东地区人均地区生产总值的56%。

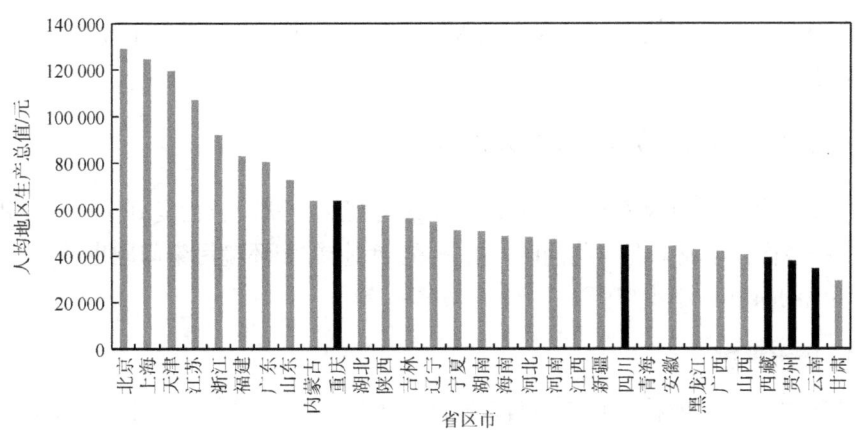

图 2.16　全国各省区市（港澳台地区除外）人均地区生产总值对比（2017 年）
资料来源：国家统计局网站

人均可支配收入方面，2017 年，四川、重庆、云南、贵州、西藏的人均可支配收入分别为 3.07 万元、2.42 万元、1.83 万元、1.67 万元、1.55 万元，大部分低于国家平均水平（2.62 万元）（图 2.17）。

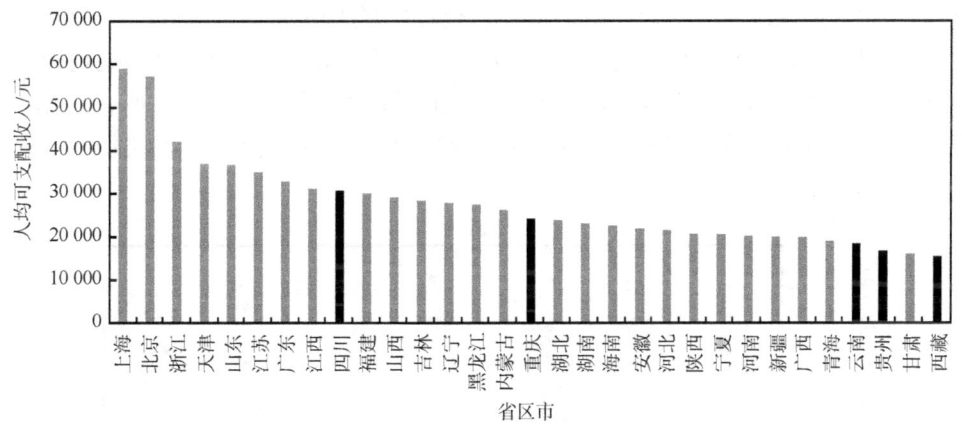

图 2.17　2017 年全国各省区市（港澳台地区除外）人均可支配收入
资料来源：国家统计局网站

城镇化率方面，2017 年西南地区城镇化率仅为 51%，低于全国平均水平（59%），其中重庆的城镇化率最高，为 64%，西藏的城镇化率则仅为 31%，贵州、云南的城镇化率也都不足 50%。城市发展是经济发展的重要引擎，西南地区整体城镇化率不高，未来势必还将大幅提高城镇化率，伴随城市群的发展和人口的增长，西南地区对能源供应的数量和质量都将提出更高要求。

综上，虽然西南地区经济实力正在逐步增强，但各省区市整体经济发展程度相比东部发达地区仍然不高，人均收入低于全国平均水平，工业化进程落后，在全国处于欠发展地区。

（二）生态环境约束性逐步增强

总体而言，目前西南地区各省区市生态环境总体状况较为良好，植被覆盖率高、生物多样性丰富。但与此同时，相关污染物排放和环境污染问题也逐步凸显，生态环境约束性正逐步增强。

1. 废水排放

从废水排放量来看，2017年西南地区五省区市共排放废水87.3亿吨，占全国废水排放总量的12.5%，高于地区生产总值在全国的占比（10.7%）。各省区市的废水排放量构成与经济体量基本成正比，但也有一定差异性。从各省区市单位地区生产总值的废水排放量可知，整体来看，2017年西南地区单位地区生产总值废水排放量约为10.0吨/万元，高于8.5吨/万元的全国平均水平。其中，云南的单位地区生产总值废水排放量为11.3吨/万元，明显高于其他省区市；重庆、四川也明显高于全国平均水平（图2.18）。此外，从废水中的污染物来看，西南地区所排废水中，汞、铅、总磷的含量相对偏高，分别占到全国废水中总排放量的32.8%、24.3%、17.6%，铅汞超标的问题十分突出，尤其是云南。2017年，云南通过废水排放的铅和汞分别占西南地区通过废水排放的铅和汞总量的82%和68%。可见，西南地区在废水排放控制方面仍落后于全国平均水平，在相关重点污染物的治理方面仍然任重道远。

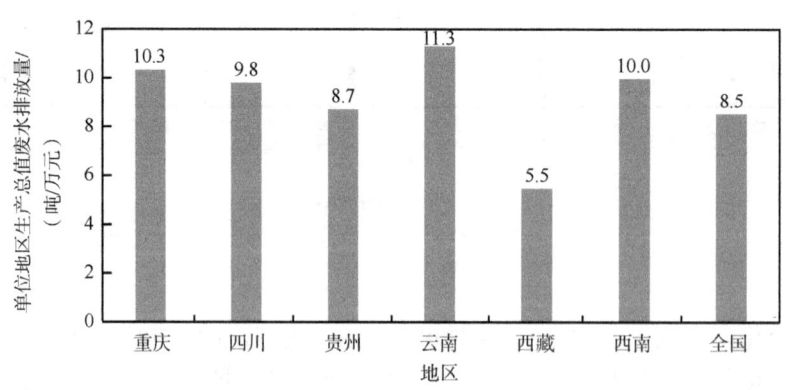

图2.18　2017年西南地区单位地区生产总值废水排放量与全国对比

2. 大气环境及污染物排放

除部分地区雾霾问题较多发外，西南地区的大气环境和空气质量整体向好。从主要污染物来看，2017年，西南地区排放的NO_x和烟（粉）尘分别占全国排放总量的 10.5%和 9.2%，与地区生产总值占比持平；但排放的 SO_2 则占到全国排放总量的 19.6%，远高于地区生产总值占比，排放强度偏高。从单位地区生产总值的排放量来看，2017 年西南地区单位地区生产总值的 SO_2 排放量为 19.6 吨/亿元，相当于全国平均水平（10.7 吨/亿元）的近两倍。其中，贵州、云南 SO_2 排放水平过高是造成西南地区 SO_2 排放问题突出的主要原因，其单位地区生产总值的 SO_2 排放量分别高达 50.8 吨/亿元和 23.5 吨/亿元，SO_2 排放问题突出，部分地区出现酸雨问题（贵州省仁怀市、云南省个旧市）（图 2.19）。

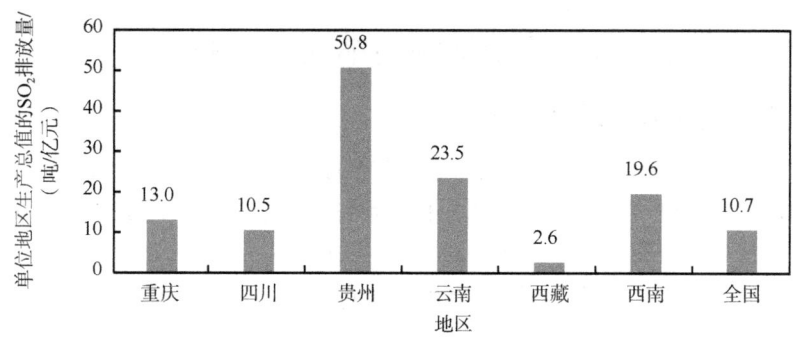

图 2.19　2017 年西南地区单位地区生产总值的 SO_2 排放量与全国对比

应该警醒的是，西南地区属于欠发达地区，有很大的经济社会发展需求，随着经济规模的不断扩大、资源/环境约束的不断增强，如何在自身不断发展的同时保护好绿水青山这一"金山银山"，是西南地区各省区市需要共同思考和面对的关键问题。

第三章　西南地区能源发展面临的关键问题分析

第一节　清洁能源消纳面临严峻挑战

一、川滇弃水现状分析

四川、云南自"十三五"以来出现了严重的弃水问题，四川 2017 年全省理论弃水电量为 419 亿千瓦·时，考虑当年实际来水情况，弃水电量则超过 500 亿千瓦·时，其中调峰弃水电量近 140 亿千瓦·时（图 3.1）。四川电力供应宽松态势还将维持，如果不采取有力措施，弃水状况将更趋严重，弃水电量预计超过 1700 亿千瓦·时。云南弃水问题亦非常严重。省内具有多年调节能力的小湾、糯扎渡两个水库总库容为 386 亿米^3，流域梯级电站经两库调节后汛期和枯期电量约各占 50%，为优质水电。但从 2013 年开始，云南开始出现严重弃水情况。2017 年理论弃水电量为 281 亿千瓦·时，考虑实际来水情况，弃水电量为 290 亿千瓦·时。根据《云南省能源发展规划（2016—2020 年）》，随着澜沧江、金沙江在建电站的相继投产，2020 年云南总装机达到 1 亿千瓦左右，全省年发电能力约 4200 亿千瓦·时，电力消费量（含外送电量）约 3780 亿千瓦·时，富余电量超过 400 亿千瓦·时。根据电力供需中长期预测，若无电力消纳产业重大变化，云南直到 2047 年才能达到供需平衡，将长期处于电力富余状态。

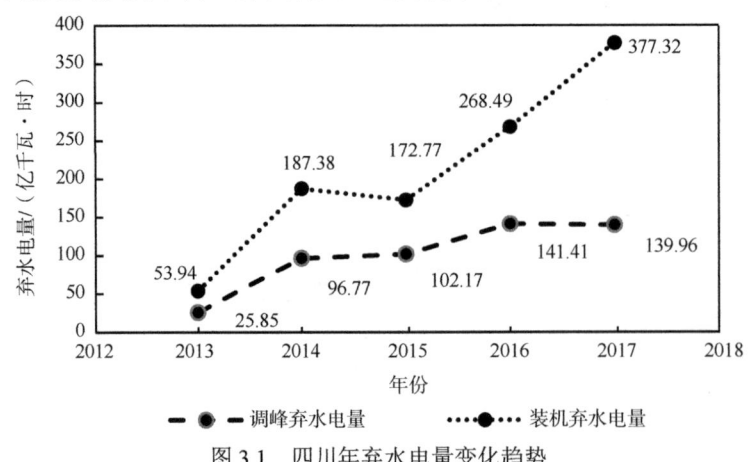

图 3.1　四川年弃水电量变化趋势

二、川滇弃水成因分析

社会经济情况、科学技术发展水平和政策等方面都会对能源发展产生重要影响。

从经济角度,当前电力供需存在矛盾。"十二五"期间对经济及电力负荷预测偏于乐观,西南地区尤其四川水电进入投产高峰期,2015年比2010年水电装机增长126%,由于在建及已核准工程的存在,未来四川水电装机增速仍将高于电力负荷增速。面对这一情况,需要大力推动本地经济发展,刺激电力消费,提高本地水电消纳能力。从技术角度,一方面,外送通道建设滞后,尤其外送陕西、重庆等地的线路实际输送能力低于规划能力,导致丰水期满负荷外送仍存在较多弃水。另一方面,省内电网存在若干阻塞断面,如大渡河流域的康甘、雅安等断面由于线路输电能力不足而被动弃水。此外,目前的开发能力导致大多数水电站为无调节能力的径流式水电站,以四川为例,季以上调节能力水电站仅占1/3,而省内火电调峰能力不足,因此水电仍需参与,导致调峰弃水。从政策角度,外省对水电消纳意愿不高,一方面,急需从政策层面争取将水电纳入全国电力市场统筹消纳,由国家进行支持和补偿;另一方面,需要省间合作,如考虑将四川水电与甘肃风电进行互补交易等方式。此外也要安排好未来省内水电建设时序,避免装机增速与负荷增速差距的进一步扩大。

如图3.2所示,年内水电弃水发生在丰水期(6~10月),日内集中在负荷低的夜间。四川弃水电站空间分布集中在大渡河、雅砻江、岷江,其中大渡河(康甘、攀西)弃水最为严重。

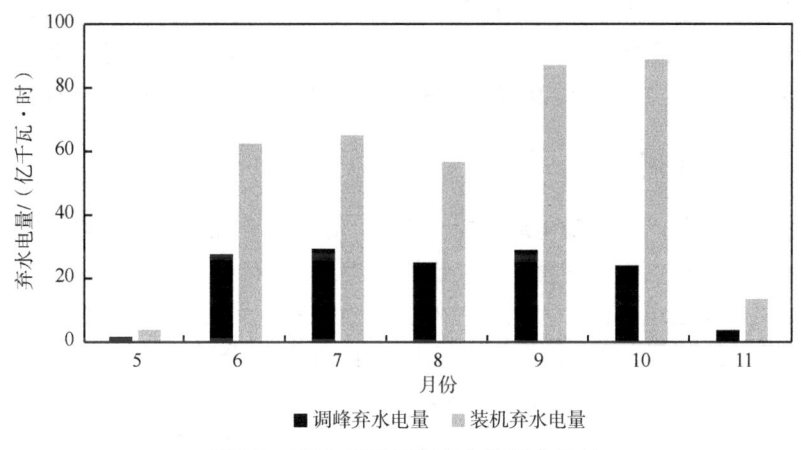

图3.2 2017年四川弃水电量年内分布

根据弃水产生的环节,弃水原因分为三类,如图3.3所示。

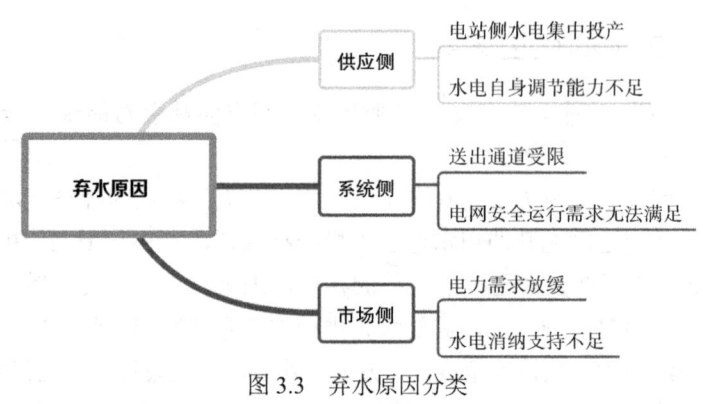

图 3.3　弃水原因分类

（一）供应侧

1. 电站侧水电集中投产

水电工程建设具有延续性，随着规划的水电陆续投产，水电装机快速增长，从 2010 年的 3070 万千瓦增长至 2017 年的 7714 万千瓦，年均增速高达 14.1%。

2. 水电自身调节能力不足

受天然降水影响，水电出力具备明显的季节差异，丰水期和枯水期发电量差异明显，给水电本地和跨区消纳都带来了一定影响。若要保障全年稳定供应，需要较大规模的调节性库容支撑。目前，西南地区水电自身调节能力并不充足，其中以四川最为严重。尽管四川水电发展迅猛，水电在电力结构中的占比已高达 80%，但四川水电站中无调节能力水电占比近七成，绝大部分水电站为日、周调节和径流式电站，调节性能较差。同时龙头水库（两河口、双江口）建设进度比较缓慢，在来水偏丰年份，受负荷日变化影响必然产生调峰弃水。这使得四川的弃水主要发生在丰水期，即每年的 6、7、8、9、10 五个月份，并且主要发生在电网负荷较低的夜间。

（二）系统侧

系统侧问题包括跨区输电通道能力不足、区域内网架待加强，以及电网出于安全稳定运行考虑，电网调度造成送出通道受限。

在跨区输电通道方面，大型电力外送工程大多涉及地域广、影响范围大、利益牵扯复杂，给筹划、建设都带来了很大困难，造成部分通道并未及时按期投运。根据《四川省"十二五"能源发展规划》，四川本应在"十二五"期间形成"6 交 4 直"的外送通道，实现外送能力 3150 万千瓦。但截至 2015 年底，仅建成了"4 交 4 直"外送通道，四川电网与外区电网之间的额定送电容量仅为 2850 万千瓦，而在此期间电源装机容量增长到 4346 万千瓦，当前外送能力不能完全满足丰水期水电外送的需求。此外，目前已经建成的外送通道中，大多为大型水电站的配套送出工程，并无能力外送其他水电站电量，例如，3 回特高压直流通道优先满足国调机组外送需求，省调机组实际可外送空间非常有限。此外，即使已纳入规划的外送通道建设也频频受阻，如雅砻江中游两个水电站已开建，但外送通道和消纳市场尚未明确。四川电网在"十二五"期间规划多个 500 千伏电网项目，但由于需穿越环境敏感区域，取得相关手续耗时过长，导致外送通道建设滞后，而现有外送能力不能满足外送需求，加剧弃水问题。

在区域内网架建设方面，受水力资源分布的客观限制，很多水电站都分布在偏远地区，距负荷中心较远，无法实现本地消纳，需要电网送出。本地电网在这些地区还存在局部网架薄弱、潮流分布不均匀等问题，主网架的可靠性、资源优化配置能力和电力系统的运行效率都有待提高，不能完全满足水电本地消纳需求和支撑跨区外送需求。以四川为例，随着多条大型特高压直流外送通道投运，四川电网表现出了明显的"强直弱交"的特性，省内多为交流，省间外送多为特高压直流。因此，丰水期特高压直流外送满负荷运行时，国家电力调度通信中心为保障四川 500 千伏（交流）电网安全，一直采取限制部分区域电网（甘孜雅安区域和攀西甘南区域 500 千伏输电通道）输送容量的办法，这些区域的水电群在丰水期有大量水电站因省内送电通道能力的不足造成大量弃水。例如，康甘断面指康甘地区到成都负荷中心的 500 千伏电网通道，主要汇集大渡河流域部分电站，统调电力装机 760 万千瓦，电力通过 4 回交流通道送出，设计能力约 800 万千瓦。但受四川"强直弱交"影响，丰水期为保障三条特高压直流通道安全稳定送电，实际送电能力约 320 万千瓦，送出受限 440 万千瓦。以康甘断面弃水情况为例，本书对通道原因（安全校核）带来的弃水电量占弃水总电量的比例进行了定量计算。具体计算方法为：将水电站按照 4500 小时运行计算其理论发电量，通过与实际上网电量进行对比，得出该水电站弃水总电量，将全年估算的由于安全校核未通过电量与弃水总电量进行对比。根据该计算方法可知，康甘断面由于通道受限造成的弃水电量约占弃水总电量的 16%，具体计算结果如表 3.1 所示。

表 3.1　康甘断面水电站弃水分析

排序	名称	装机容量/万千瓦	上网电量/（亿千瓦·时）	实际利用小时数	弃水电量（按4500小时计）/（亿千瓦·时）	通道受限未发出电量/（亿千瓦·时）	通道受限对弃水电量的贡献率
1	泸定	92	26.16	2843	15.24	2.0895	0.14
2	猴子岩	170	31.41	1848	45.09	2.8635	0.06
3	长河坝	260	61.9	2381	55.1	5.569	0.10
4	黄金坪	85	23.42	2755	14.83	2.172	0.15
5	华山沟	7.2	2.07	2875	1.17	0.1635	0.14
6	关州	24	7.5	3125	3.3	0.7375	0.22

续表

排序	名称	装机容量/万千瓦	上网电量/(亿千瓦·时)	实际利用小时数	弃水电量（按4500小时计）/(亿千瓦·时)	通道受限未发出电量/(亿千瓦·时)	通道受限对弃水电量的贡献率
7	吉牛	24	9.78	4075	1.02	0.559	0.55
8	其他	67.5	20.33	3012	10.045	1.7515	0.17
	合计	729.7	182.57	2502	145.795	15.9055	0.11
	合计（剔除新建电站）	299.7	89.26	2978	45.605	7.473	0.16

（三）市场侧

1. 电力需求放缓

"十二五"后期，国内经济下行压力逐渐加大，电力需求随之放缓，以四川为例，全社会用电量年均增速由"十一五"期间的10.5%降低至"十二五"期间的5.4%，比规划预期低了7个百分点。需求增速放缓导致本地供求失衡，出现了西南地区大量弃水的局面。此外，从电力外送来分析，受端省份在经济下行的大背景下往往优先从自身经济发展需要和保护本地企业利益出发，更倾向在其本地建设电源项目，从而造成当地市场电力供应富余、用电市场饱和，接纳外来水电的意愿不强，采取压低外来电力价格、干预电力送出，甚至出台限制政策等方式限制外来电力输入。

2. 水电消纳支持不足

水电外送应该放到全国西电东送的大背景下，而西电东送虽然是国家战略，却在国家层面缺乏统筹规划、协调监管和统一决策，清洁能源跨区配置的政策体系尚不完善，仅仅依靠省间协调难以有效平衡其中的利益博弈。国家发展改革委和国家能源局于2017年发布关于促进西南地区水电消纳的通知，取得了很大的成效，但弃水问题尚未得到彻底解决。水电等清洁能源跨区配置的政策体系和环境尚不完善，水电的清洁性和价格优势未得到体现。

三、水电后续开发挑战分析

随着能源发展面临的约束条件增加，西南地区开展后续能源资源开发的难度正在加大。

（一）水电的清洁资源优势和社会价值未能充分发挥

从上网电价来看，根据国家能源局的通报，2017年全国发电企业平均上网电价为 0.376 元/(千瓦·时)，同比增长 1.93%。其中，煤电机组 0.372 元/(千瓦·时)，同比增长 2.56%；水电机组 0.259 元/(千瓦·时)，同比下降 2.14%；风电机组 0.562 元/(千瓦·时)，同比下降 0.43%。在各种发电类型中，水电的上网电价不仅最低，而且不断下降（图 3.4）。

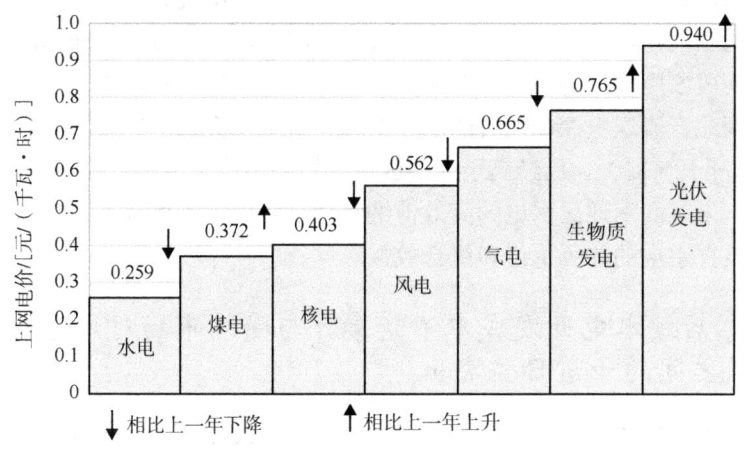

图 3.4　2017 年各类型发电机组全国平均上网电价

从全国水电的上网电价来看，西南地区水电的上网电价在全国处于较低水平，其中云南 2015～2017 年水电上网电价持续下跌，分别为 0.253 元/(千瓦·时)、0.193 元/(千瓦·时)、0.192 元/(千瓦·时)，为全国最低。从跨区交易电价来看，2017 年四川跨区交易中，框架协议内川电外送华东四川侧出口均价为 0.21～0.23 元/(千瓦·时)，而增量电量成交价仅有 0.09～0.14 元/(千瓦·时)。从西电东送的主要受端省区市（上海、江苏、广东等）来看，四川、云南两主要水电输出基地的水电机组平均上网电价远低于各受端省区市燃煤、燃气机组的平均上网电价（图 3.5）。

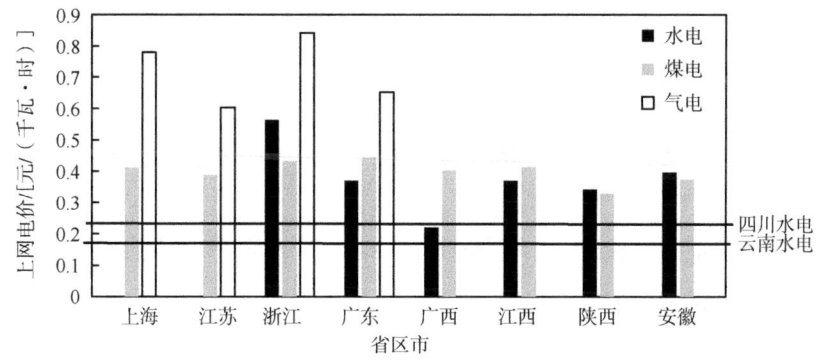

图 3.5　2017 年重点省区市发电企业平均上网电价对比

造成该问题的原因主要存在于以下三方面：第一，水电开发中生态环保的付出与收益不对等，生态补偿机制尚未建立，目前电价机制未把水电的环境价值、移民及其后续发展成本等纳入送电价格，移民和地方分享电力发展收益与预期目标存在差异；第二，市场化交易后，水电的低碳价值和环境价值未能通过市场机制体现出来，进一步迫使本来已偏低的水电上网电价出现大幅下跌；第三，新建水电项目的工程建设、移民、环保等投入越来越大，综合成本越来越高。以澜沧江上游云南段 5 座电站为例，作为《大气污染防治行动计划》12 条重点输电通道之一的滇西北直流送电深圳项目的配套电源，受资源禀赋影响，5 座电站成本约 0.386 元/（千瓦·时），已经高于受端区域提出的电价，电站运行面临成本压力。由此可见，未来西南地区水电的高效消纳将会受到更大的挑战，迫切需要从多方面彰显并发挥水电的绿色价值和综合效益。

（二）后续水电开发成本不断攀升与受端市场对用电电价预期不断降低之间的矛盾日益突出

西南地区富集的水电资源得天独厚，且水电开发能为区域经济社会发展和生态环境保护发挥综合效益，因此西南地区理应充分发挥该资源优势，积极开发和利用水电资源。然而，随着经济性较好的水电站址资源逐步被开发完毕，剩余的水电资源开发（如金沙江上游、怒江）普遍存在交通不便、开发难度高、投入大的特点，并且面临移民安置成本不断上升、生态环境约束不断增强、物价上涨等多因素影响，进一步拉高了后续水电的开发成本。与此同时，用电端市场对于降低电价的诉求也在不断增强，为西南地区后续水电开发、外送带来了日益严峻的挑战。

四、风、光可再生能源资源消纳利用难度大

西南地区风、光资源的分布大多远离负荷中心且具有分散化的特点，就地消纳空间不足。同时风电的反调峰特性、风光出力的随机性和波动性、自然条件的限制等因素都给风光的并网带来巨大的挑战。

第二节　能源结构仍需继续优化

一、清洁能源在一次能源消费结构和终端用能结构中的占比有待提升

云南、四川和西藏水电资源丰富，四川天然气资源丰富，在水电装机集中投

产和天然气开采产能不断增加的同时，经济增速下滑使得区域内电力和天然气消费不足，水电等清洁能源消纳问题突出，在一次能源消费结构中占比虽然高于全国和世界平均水平，但还有进一步提升的潜力。此外，在丰富的电力和天然气供应前提下，其终端用能消费占比仍低于 25%和 15%的世界平均水平。提升清洁能源终端用能占比不仅能够有效缓解环境污染，而且对西南地区早日实现碳达峰和碳中和具有重要意义。

二、煤炭和油品消费结构不合理

西南地区煤炭总体利用集中程度较低，由于水电量占比高，煤电运行小时数远低于全国平均水平，电煤消费占比低，明显低于 50%的全国平均水平，更是低于 80%的欧美等地区的发达国家水平。大部分煤炭用于工业和民用，交通部门油品消费占比较低，在油品消费构成中，48%用于交通，35%用于工业，17%用于其他和民用。交通部门油品消费占比仍落后于 65%的全国和 80%的世界平均水平。

三、火电与水电矛盾突出

水电开发的结构性矛盾亟须解决。有调节能力的龙头水库建设相对滞后，除云南已建成的小湾、糯扎渡等具备年调节能力的水电站外，西南地区目前尚未有建成的龙头水库。以四川、云南两个水电大省为例，四川 2015 年季调节及以上水电（含外送电站）装机达到 2359 万千瓦，占全省水电装机总量的 34%，日、周调节和径流式水电仍占大多数，而具备调节能力的龙头水库（雅砻江两河口、大渡河双江口）建设进度又比较缓慢；云南水电装机中，仅具备周调节能力或无调节能力的中小水电站占水电总装机容量比重超过 1/3，而具备多年调节能力的仅有小湾、糯扎渡等少数水电站。

煤炭产业集约化水平低，清洁利用程度需进一步提高。一方面，煤炭开采的集约化水平低，且仍存在相当数量的小煤矿，煤炭开采的智能化、信息化建设滞后，能源产业技术水平总体偏低。以贵州为例，30 万吨/年及以上的煤矿数量占全省总数的 45%，60 万千瓦以上高参数、大容量煤电机组占比 52%，均低于全国平均水平。另一方面，煤炭深加工仍以煤焦化、煤制甲醇、煤制合成氨等传统煤化工为主，煤制烯烃、煤制清洁燃料等新型煤化工产业发展滞后，煤炭清洁高效利用水平不高。

能源消费集中于高耗能行业，产出附加值低，能源消费结构调整困难。以云南为例，"十二五"期间，六大高耗能行业能源消费量占到能源消费总量的 70%。部分地区传统能源产能过剩和投资需求旺盛的矛盾突出。云南、四川火电的年均利用小时数已降至 2000 小时以下，火电企业亏损严重。

截至 2017 年底，四川全省火电装机 1662 万千瓦，统调装机 1348 万千瓦。其中煤电 1333 万千瓦，气电 126.5 万千瓦，垃圾及生物质发电 44 万千瓦，余热余压余气发电 158.5 万千瓦。受水电、新能源装机快速增长、负荷增速放缓等影响，四川统调火电发电量及利用小时数均呈现逐年降低趋势（图 3.6）。2014～2015 年，全年最大开机出现在枯水期，分别为 1070 万千瓦和 1083 万千瓦；2016～2017 年，全年最大开机出现在丰水期，分别为 916 万千瓦和 881 万千瓦。

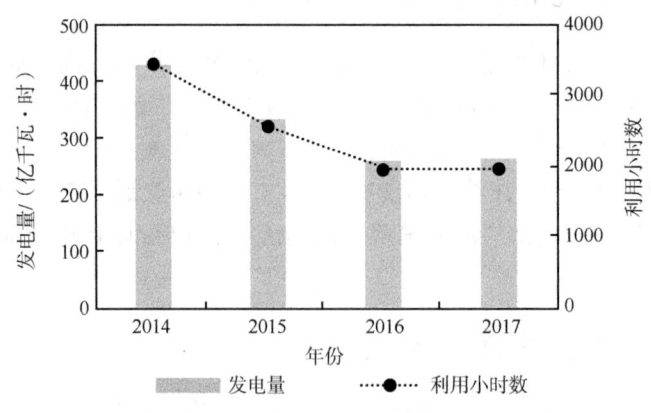

图 3.6　四川统调火电发电量及利用小时数

四、火电最小装机研究

随着 2020～2025 年水电的大规模投产，火电利用小时数将被进一步压缩；2025～2030 年电力供需逐步由宽松转向吃紧，火电利用小时数又将获得增长。

通过相关的模型研究，在 2020 年、2025 年和 2030 年，枯水期电力平衡显示，四川枯水期电力缺额分别为 833 万千瓦、202 万千瓦和 383 万千瓦，而丰水期电力平衡显示，2020 年、2025 年和 2030 年四川丰水期电力缺额分别为 700 万千瓦、59 万千瓦和 642 万千瓦。基于此，可以得到 2020 年、2025 年和 2030 年四川统调常规火电装机容量需求为 833 万千瓦、202 万千瓦和 642 万千瓦。实际的最小装机受系统暂态稳定、调峰需求等多方面影响。

第三节　能源系统整体效率亟待提升

尽管四川"十二五"单位地区生产总值能耗累计下降 25.2%，单位地区生产总值 CO_2 排放量累计下降 43.8%，超额完成国家下达目标。但 2015 年四川能源消耗总量为 2.1 亿吨标准煤，单位地区生产总值能耗为 0.73 吨标准煤/万元，仍高于 0.63 吨标准煤/万元的全国平均水平，以及 0.41 吨标准煤/万元的世界平均水平。

四川目前仍处于工业化中期的后半阶段，经济增长依然需要依靠资源及能源的投入拉动。随着工业化进程推进，能源密集型工业将逐步被生产型服务业代替，能源消费将由工业逐步向第三产业和生活用能转变。四川历史经济增速大于全国平均水平，但增速优势从6%缩小至1%，相对应的能源消费增速也逐渐放缓，进入能源消费减速期。四川人均地区生产总值仅为3.7万元，仍不及4.9万元的全国平均水平。四川仍处于城镇化的快速推进期，产业结构、经济增长方式和居民消费水平仍需改善和提高。

一是能源粗放式利用未得到根本转变，能源加工转换、储运和终端利用综合效率较低。二是电力、热力、燃气等不同供能系统集成互补、梯级利用程度不高，需求侧节能和用户响应机制尚在探索阶段。三是电力系统运行条件恶劣，电力负荷峰谷差较大，电网所需备用容量较高，源荷分布不均，水电送出线路距离长、线损高、利用小时数低。四是天然气储气调峰设施不足，用气高峰、低谷时段不均衡，调峰压力较大。

第四节　能源发展体制机制矛盾凸显

在能源体制机制方面，西南地区现行能源管理体制与能源市场化发展要求之间的矛盾越发显现，主要体现在以下两个方面。

第一，缺乏统一的能源管理体制。西南地区是国内罕见的能源资源富集且配套的区域，水能、天然气和煤炭在区域内互为补充，最有条件形成以水电开发为主体的能源综合开发利用。西南地区的能源资源优势不仅体现在水能、天然气等资源上，而且体现在配套组合优势上。然而，目前西南地区各省区市在制定能源规划、完成节能减排目标等过程中还是各自为政。西南地区各省区市之间尚未开展充分的协调，仅根据各自区域发展制定能源和电力规划，未能实现区域内不同省区市之间资源的共享，间接导致西南地区丰富且清洁的水能、天然气资源尚未得到有效利用，仍然从区外调入高碳的煤炭，既不符合资源优化配置的要求，也不符合西南地区能源系统"清洁、低碳、安全、高效"的建设要求。

第二，区域/省间壁垒是重要制约因素。在电力供应相对过剩的环境下，各地方政府更加关注电价改革对实体经济的减负。一方面，各省区市希望通过电量市场化交易降低企业用电成本，拉动当地经济增长；另一方面，在资源跨省配置的过程中，各省区市又想尽办法保障本地电源的竞争力，通过行政规则干预市场的情况偶有发生。省间壁垒存在的根本在于体制机制不畅，有必要深化全国能源系统"一盘棋"的思维，推动区域电力市场建设，为西南地区水电送出寻求更大的消纳空间。

第五节　区域能源基础设施建设亟待改善

城镇电力配网基础薄弱，主干网架结构不完善，农村电网网架薄弱，电网承载能力较低，系统接线与布局亟须优化。凉山、甘孜等地区的新能源项目由于规模较大，远离负荷中心，地区电网结构薄弱，负荷水平较低，难以实现就地消纳，送出受限矛盾也较突出。

天然气输配管网普及率有待进一步提高，储气调峰设施不足。当前覆盖四川的"三横三纵三环"骨干输气管网体系正在建设中，省内仍有大部分城镇和偏远地区尚未使用天然气；天然气用气峰谷时段不均衡，城镇储气调峰和应急调峰设施建设滞后。

对于上述困扰西南地区的体制机制问题，挪威水电开发及开展区域性电力市场交易的经验提供了参考。

挪威水资源丰富，年平均降水量为1380毫米，约4470亿米^3，其中3710亿米^{3}形成径流，技术和经济可开发量为205 100吉瓦·时/年。挪威电力绝大部分来源于水电，是世界上以水电为主要能源的少数国家之一。2013年，挪威总发电量为1339.81亿千瓦·时，其中水电发电量为1286.99亿千瓦·时，占比约96%，使得挪威成为世界上水电比例最高的国家。截至2013年底，挪威水电装机达30 900兆瓦，在总装机量中的占比为94%。

通过对挪威水电发展的研究，本书得出以下几点经验。

第一，挪威水电开发促进了经济社会发展。2013年，挪威出口电量达151.41亿千瓦·时，进口电量达101.35亿千瓦·时。挪威的电量有1/3用于耗电工业（其中炼铝业占13%），居民及农业用电占1/3，其余的1/3用于服务和制造业。除了出口电力外，发展炼铝业并出口也是挪威能源出口的一种方式。挪威以廉价的水电资源开发促进了高耗能工业的发展，获得了强有力的国际市场竞争能力，为国内经济稳定发展奠定了基础。当前，挪威人均国内生产总值超过90 000美元，在发达国家中也居于前列。

第二，挪威水电开发中重视生态环境保护。20世纪70年代，挪威水电开发也曾导致比较严重的生态问题，包括下游河道断流、鲑鱼洄游受阻等。为此，挪威高度重视水资源的管理和水电的开发，包括：完善法律保障，在欧盟水框架指令的基础上，根据自身实际制定了相应法律，如水资源法、河道管制法、工业特许权法和自然保育法等，对水电开发、水电机组安装、电力传输配送以及上网交易都设定了严格的许可证制度，对水电开发所致的生态环境问题进行论证评估和措施补救，并通过立法和行政手段予以保障；重视规划先行，为各流域制定水资源开发管理与保护规划，在征求相关方和社会公众意见后呈交议会通过；重视生态恢复、综合治理，如实行生态补偿机制、建立环境保护基金、规定河流最小流量、增设过鱼设施等。

第三，北欧电力市场成为区域电力互联互通的典范。北欧地区资源负荷分布不均衡的现实因素和水火互济的内在需求推动了北欧电力市场的形成。目前已形成覆盖北欧四国（挪威、瑞典、芬兰、丹麦）及周边地区（德国、波兰、荷兰等）的北欧电力市场。北欧各国的电力供应呈现出明显的地域分布差异特征（图 3.7）：丹麦和芬兰的火电在其发电结构中仍然占据较大比例，挪威几乎全部为水电，而瑞典的水电、火电、核电均占一定比重。可见，北欧四国的电源结构之间具备一定的互补性，尤其是部分国家水电占比较高，电力供应表现出明显的季节性特征，存在根据年径流变化和季节变化开展电力交换的潜在需要。水电主要分布在北部地区，这些地区地广人稀、用电负荷低。火电主要分布在人口稠密的南部地区，用电负荷较大。在枯水期，南部火电流向北部；在丰水期，北部丰富的水电流向南部。

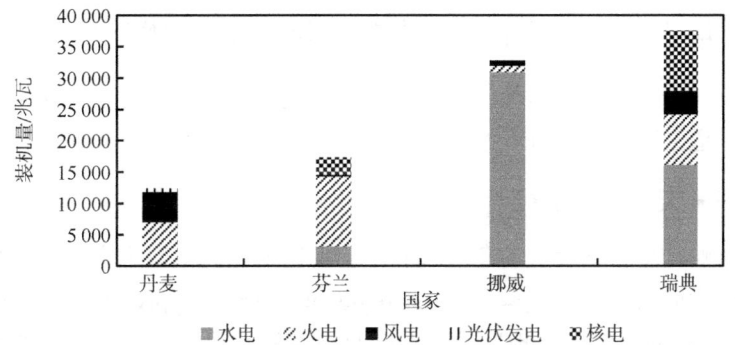

图 3.7 北欧各国电力装机容量及构成（2013 年）

挪威水电的发展和北欧电力交易市场的建立为我国西南地区水电的开发与区域互联提供了很好的范例。挪威的水电开发经验为我国西南地区经济社会发展和生态环境保护提供了借鉴；与北欧地区相似，我国西南地区内各省区市的电力装机也存在着水火互补的相似特征（图 3.8），具备开展水火互济的条件，可以借鉴北欧电力市场的模式经验，在我国西南地区加强区域电力协调互补。

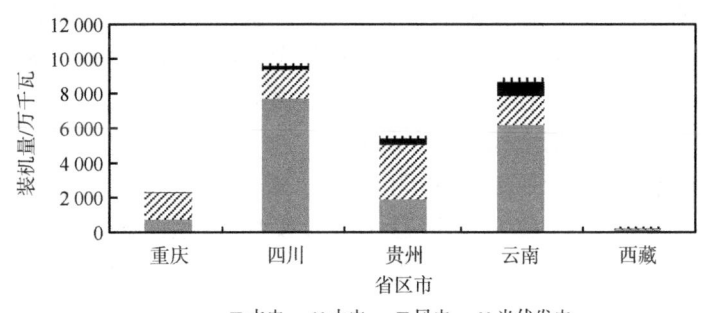

图 3.8 西南地区各省区市装机容量及构成（2017 年）

第四章 西南地区能源发展趋势及供需平衡分析

为了推动西南地区能源资源、经济社会和生态环境的共享发展，本书立足西南地区的能源资源禀赋，首先，对西南地区经济社会发展的能源需求进行预测；其次，重点就电力和天然气两种清洁低碳能源在西南地区内，以及西南地区和其他地区之间的共享发展问题，建立了全国一盘棋下的中长期、多区域复杂能源系统供需路线优化模型，为能源革命推动西南地区共享发展提供定量分析。

第一节 中国多区域能源供应系统优化模型

本节研究西南地区清洁能源供需平衡与外送通道建设，对于协调本地能源消纳和外送通道、减少和缓解弃水问题、提高清洁能源的利用具有重要意义。

一、模型总体介绍

为了能够从全国一盘棋的角度来看西南地区的能源共享方案，本书采用中国多区域能源供应系统优化模型（China regional energy supply system optimization model，CRESOM）对西南地区的能源共享方案进行优化。该模型主要包含两个部分，分别是能源需求预测模块和供应系统优化模块。首先，中国多区域能源供应系统优化模型利用自下而上的方法预测未来每个省（区、市）、每个行业、每个月份、每个能源品种的能源需求。输入数据包括对未来地区生产总值增速、能耗强度的预测及对转型政策的假定。然后，中国多区域能源供应系统优化模型利用最优化计算方法得到使得供应系统总成本最低的能源系统规划方案。

中国多区域能源供应系统优化模型刻画了中国30个区域、8个能源需求部门，以月份为时间尺度。能源需求部门包括6个生产部门，分别是农业、工业、建筑业、交通运输业、零售餐饮业、其他行业；2个生活部门，分别是城市生活部门和农村生活部门。能源品种包括电力、热力、成品油、天然气、煤炭、原油、水能、核能、陆上风能、海上风能、太阳能。

中国多区域能源供应系统优化模型由5个计算子模型组成，分别是能源需求预测模型，煤炭、石油、天然气、电力供应系统优化模型。模型计算逻辑如下：首先，能源需求预测模型通过自下而上的方法预测各地区、各行业、各月份、各能源品种的需求；其次，终端电力需求作为电力供应系统优化模型的输入，电力供应系统优化模型通过最优化计算得到总成本最低的电力供应系统规划，包括煤电、气电、水电、核电、陆上风电、海上风电、光伏发电的分布，以及新增电网、储能的分布；再次，终端成品油需求作为石油供应系统优化模型的输入，石油供应系统优化模型通过最优化计算得到总成本最低的石油供应系统规划，包括石油管网规划、炼油产能规划、原油进口等；最后，煤炭和天然气总需求等于终端需求、发电需求和热力需求的总和，分别作为煤炭、天然气供应系统优化模型的输入，煤炭、天然气供应系统优化模型通过最优化计算得到总成本最低的煤炭、天然气供应系统规划，如图4.1所示。

考虑到西南地区清洁、低碳能源资源禀赋优势明显，本书重点对可再生电力和天然气的供应时序进行优化研究与分析。将终端电力需求作为电力供应系统优化模型的输入，电力供应系统优化模型通过最优化计算得到总成本最低的电力供应系统规划，包括煤电、气电、水电、核电、陆上风电、海上风电、光伏发电的分布，以及新增电网、储能的分布。天然气总需求等于终端需求、发电需求和热力需求的总和，分别作为天然气供应系统优化模型的输入，天然气供应系统优化模型通过最优化计算得到总成本最低的天然气供应系统规划。

混合整数线性规划方法被应用于上述模型优化，包含输入数据、等式约束、不等式约束和优化目标方程四个部分。首先将满足能源供应系统的多种可行方案用等式和不等式约束来描述，然后通过最优化计算找到成本最低的方案。等式约束包括各地区各月份的能源供需平衡以及基础设施扩张约束。不等式约束包括资源约束、基础设施约束、地理约束。模型优化目标方程描述长期能源供应系统总成本，包括生产、进口、运输、储存、加工、基础设施建设成本，以及碳成本。通过最小化目标函数可以得到模型中变量的值。模型中的一般输入数据包括地理信息、资源分布、各地区各月份能源需求、当前基础设施、能源技术成本和能源政策。模型输出包括能源基础设施规划，能源生产、进口、运输、加工和储存方案，系统总成本及其构成。模型中的物理量可分为参数、运行变量和设计变量。能源生产、进口、运输、加工和储存量均为运行变量。能源基础设施规划量为设计变量。输入数据均为模型参数。模型中的政策假设主要包括终端能源替代政策及碳税政策，均为模型输入数据。终端能源替代政策描述终端能源需求从煤炭、石油向电力、天然气转变。终端能源替代政策执行得越深入，终端电气化程度越高。碳税政策主要在电力供应系统优化模型中发挥作用，更高的碳税将使得非碳电力更具有经济性。

模型中的目标函数不仅要实现成本最小化，而且反映了市场中资源优化配置的结果。因此，本章不包含能源转型所带来的宏观经济成本及环境收益。在完全竞争市场的假设下，如果有一个能够降低总成本的方案，那么市场参与者必须采取该方案来获取利润。因此，在理想条件下，完全竞争的市场机制将实现最低的总成本。最后，所有方程组成一个混合整数线性规划问题。这些问题是在通用代数建模系统（general algebraic modeling system，GAMS）平台上解决的。

能源需求预测模型，以及电力和天然气供应系统优化模型的详细情况在以下部分分别说明。命名方式见附录。

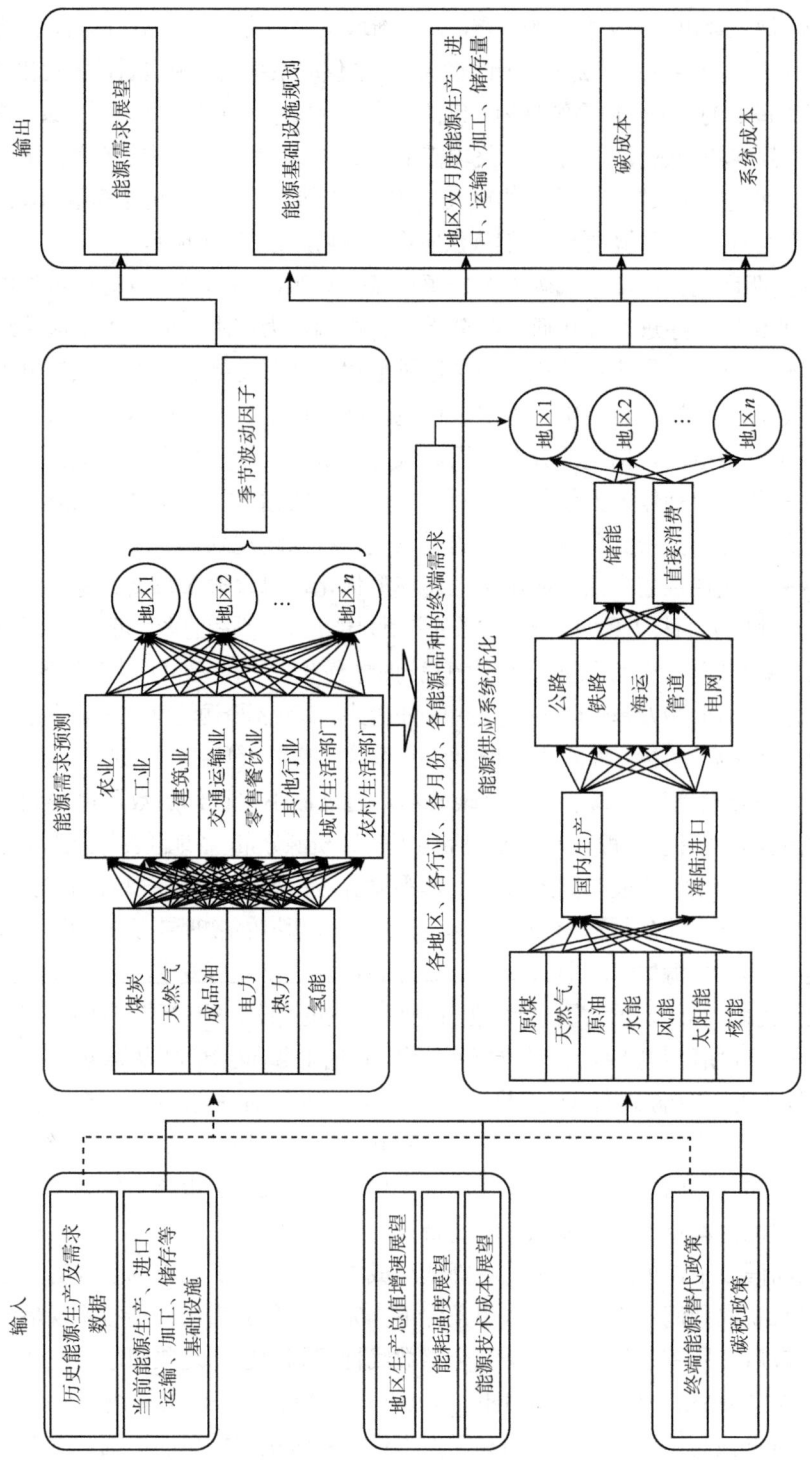

图4.1 中国多区域能源供应系统优化模型

二、能源需求预测模型

在本模型中，输入数据为 2016 年基准年地区生产总值增速、能耗强度下降率和转型政策的假设，以及能源需求。能源需求预测模型采用自下而上的方法，以获得各地区、各部门各类型能源的年需求量。模型分别对生产部门和生活部门的能源需求进行预测，然后将年需求量分解为月需求量。为统一计算口径，部门分类按照国家统计部门的终端消费部门划分，分为六大生产部门（农业、工业、建筑业、交通运输业、零售餐饮业、其他行业）以及生活部门（城市生活部门和农村生活部门）。能源品种方面，根据能源平衡表的项目划分，考虑煤炭、油品、天然气、电力、热力。其中，煤炭消费包括煤合计（原煤、洗煤、洗精煤等）以及焦化产品（焦炭、焦炉煤气等）；油品消费包括原油、汽油、煤油等；天然气消费包括天然气和液化天然气（liquefied natural gas，LNG）；电力消费按实物量计算，在进行标准化时采用等价法（发电煤耗法）计算[312 克标准煤/（千瓦·时）]；热力消费按照实物量计算，折算成能源标准量。

在生产部门，能源需求仍将随着经济增长而增长。能源效率提高以及经济结构转变将共同导致能耗强度下降。生产部门能源需求预测如方程（4.1）所示，其中 $DE_{Pr,e,r,t}$ 代表 r 省区市在第 t 年，e 能源品种在 Pr 生产部门的能源需求；$GDPR_{Pr,r,t}$ 表示 r 省区市在第 t 年，Pr 生产部门的地区生产总值增速；$IDR_{Pr,r,t}$ 表示 r 省区市在第 t 年，Pr 生产部门的能耗强度下降率；$SB_{Pr,ee,e,t}$ 代表在 Pr 生产部门用能源品种 ee 替代能源品种 e 的量。在生活部门，能源需求与经济增长正相关。城市能源需求与农村能源需求如方程（4.2）和方程（4.3）所示。终端能源替代时，由于不同能源品种的利用效率不同，例如，汽车内燃机和电动机的效率是有差异的，用电动汽车替代燃油汽车时，电力需求增加量与石油需求减少量存在一定关系，在进行替代计算时需要乘以替代系数 $SC_{Tr,ELE,PO}$，如方程（4.4）所示。

$$DE_{Pr,e,r,t} = DE_{Pr,e,r,t-1} \times GDPR_{Pr,r,t} \times IDR_{Pr,r,t} \qquad (4.1)$$
$$+ \sum\nolimits_{ee}(SB_{Pr,ee,e,t} - SB_{Pr,e,ee,t})$$
$$DE_{Uh,e,r,t} = DE_{Uh,e,r,t-1} \times f_{Uh}(GDPR_{r,t}) \qquad (4.2)$$
$$DE_{Rh,e,r,t} = DE_{Rh,e,r,t-1} \times f_{Rh}(GDPR_{r,t}) \qquad (4.3)$$
$$SB_{Tr,PO,ELE,t} = SB_{Tr,ELE,PO,t} \times SC_{Tr,ELE,PO} \qquad (4.4)$$

其中，$DE_{Uh,e,r,t}$ 表示 r 省区市中的城市生活在第 t 年对 e 能源品种的能源需求；$f_{Uh}(GDPR_{r,t})$ 表示 r 省区市中的城市生活在第 t 年地区生产总值增速与 e 能源品种能源需求增速的关系；$DE_{Rh,e,r,t}$ 表示 r 省区市中的农村生活在第 t 年对 e 能源品种的能源需求；$f_{Rh}(GDPR_{r,t})$ 表示 r 省区市中的农村生活在第 t 年地区生产总

值增速与 e 能源品种能源需求增速的关系。

其中每个地区各月能源需求从年度能源需求分解而来，取决于不同部门的用能特征。生产部门的电力需求主要受经济增长的影响，没有显著的季节性波动。生活部门的电力需求有显著的季节性波动，由于夏季制冷及冬季取暖需求，各月波动系数由 $\mathrm{MF}_{\mathrm{Ho, ELE}, r, m}$ 表示。因此各月电力需求由生活需求及生产需求组成，如方程（4.5）和方程（4.6）所示。

$$\mathrm{DE}_{\mathrm{ELE}, r, t, m} = \mathrm{DE}_{\mathrm{Pr, ELE}, r, t}/12 + \mathrm{DE}_{\mathrm{Ho, ELE}, r, t} \times \mathrm{MF}_{\mathrm{Ho, ELE}, r, m} \tag{4.5}$$

$$\sum_m \mathrm{MF}_{\mathrm{Ho, ELE}, r, m} = 1 \tag{4.6}$$

煤炭需求包括供热部门用煤需求、发电部门用煤需求、生活部门用煤需求及生产部门用煤需求。各月发电部门用煤需求由电力供应系统优化模型得到。供热部门和生活部门用煤需求仍用各月波动系数表示。生产部门用煤需求仍假定没有季节性波动。因此各月煤炭需求如方程（4.7）所示。同样，各月天然气需求如方程（4.8）表示。成品油需求假定没有显著季节性波动，如方程（4.9）所示。

$$\begin{aligned}\mathrm{DE}_{\mathrm{Coal}, r, t, m} = & \mathrm{DE}_{\mathrm{Eg, Coal}, r, t, m} + \mathrm{DE}_{\mathrm{Hg, Coal}, r, t} \times \mathrm{MF}_{\mathrm{Hg, Coal}, r, m} \\ & + \mathrm{DE}_{\mathrm{Ho, Coal}, r, t} \times \mathrm{MF}_{\mathrm{Ho, Coal}, r, m} + \mathrm{DE}_{\mathrm{Pr, Coal}, r, t}/12\end{aligned} \tag{4.7}$$

$$\begin{aligned}\mathrm{DE}_{\mathrm{NG}, r, t, m} = & \mathrm{DE}_{\mathrm{Eg, NG}, r, t, m} + \mathrm{DE}_{\mathrm{Hg, NG}, r, t} \times \mathrm{MF}_{\mathrm{Hg, NG}, r, m} \\ & + \mathrm{DE}_{\mathrm{Ho, NG}, r, t} \times \mathrm{MF}_{\mathrm{Ho, NG}, r, m} + \mathrm{DE}_{\mathrm{Pr, NG}, r, t}/12\end{aligned} \tag{4.8}$$

$$\mathrm{DE}_{\mathrm{PO}, r, t, m} = \mathrm{DE}_{\mathrm{PO}, r, t}/12 \tag{4.9}$$

综上所述，能源需求预测模型的输出结果是终端用能需求及各月、各品种能源需求。

三、区域间能源供应优化模型

（一）西南地区电力供应系统优化模型

电力供应系统优化模型在已知未来电力需求的情况下通过最优化计算得到成本最低的电力供应系统规划，包括电力生产、运输、储存设施的规划。电力供应系统优化模型采用超结构建模的方法。在每个地区，电力需求与电力供应平衡，包括本地生产的电力、净调入的电力与储能提供的电力。在规划周期内，电力装机、电网、电储能可以进行扩张或退役，以满足未来的电力需求，同时降低系统成本。电力供应系统优化模型中的等式约束包括电力供需平衡、基础设施扩张或退役。在每个地区、每个月份，电力需求等于本地电力生产、电力净调入、电储能净减少之和，同时考虑储电及输电的损失，如方程（4.10）所示。电力装机、电网、电储能的扩张或退役如方程（4.11）～方程（4.13）所示。

$$DE_{ELE,r,t,m} = \sum_{gt} pro_{ELE,gt,r,t,m}$$
$$+ \sum_{rr} (tran_{ELE,rr,r,t,m} \times (1 - STR_{ELE,rr,r,t})$$
$$- tran_{ELE,r,rr,t,m}) - sto_{ELE,r,t,m} \times STL_{ELE,t} \quad (4.10)$$

$$eleca_{gt,r,t} = eleca_{gt,r,t-1} + ineleca_{gt,r,t} - deeleca_{gt,r,t} \quad (4.11)$$

$$gridca_{r,rr,t} = gridca_{r,rr,t-1} + ingridca_{r,rr,t} - degridca_{r,rr,t} \quad (4.12)$$

$$stoca_{r,t} = stoca_{r,t-1} + instoca_{r,t} - destoca_{r,t} \quad (4.13)$$

不等式约束包括基础设施约束、调峰约束和资源约束。发电量受发电装机容量和发电小时数的限制，如方程（4.14）所示。可再生电力由于资源情况存在季节性波动，如水电的丰枯季节。输电量及储电量受输电线路容量及储能容量的限制，如方程（4.15）和方程（4.16）所示。可再生电力装机容量受资源量即技术可开发量约束，如方程（4.17）所示。由于可再生电力具有波动性，煤电、气电、水电和储能技术可用于电网平衡，如方程（4.18）所示。

$$pro_{ELE,gt,r,t,m} \leqslant eleca_{gt,r,t} \times OHU_{gt,r,t,m} \quad (4.14)$$

$$tran_{ELE,r,rr,t,m} \leqslant gridca_{r,rr,t} \times OHU_{r,rr,t,m} \quad (4.15)$$

$$sto_{ELE,r,t,m} \leqslant stoca_{r,t} \times OHU_{r,t,m} \quad (4.16)$$

$$eleca_{gt,r,t} \leqslant CUB_{gt,r,t} \quad (4.17)$$

$$pro_{ELE,Coal,r,t,m} \times VF_{Coal} + pro_{ELE,NG,r,t,m} \times VF_{NG}$$
$$+ pro_{ELE,HY,r,t,m} \times VF_{HY} + sto_{ELE,r,t,m}$$
$$\times VF_{sto} \geqslant pro_{ELE,OFW,r,t,m} \times VF_{OFW}$$
$$+ pro_{ELE,ONW,r,t,m} \times VF_{ONW} + pro_{ELE,SO,r,t,m}$$
$$\times VF_{SO} \quad (4.18)$$

电力供应系统优化模型的目标方程为长期系统总成本，包括设施建设成本、燃料成本、设施运维成本、运输成本及碳税成本，分别如方程（4.19）～方程（4.24）所示。

$$cinf_{ELE,t} = \sum_{gt,r} ineleca_{gt,r,t} \times PCA_{gt,t}$$
$$+ \sum_{r,rr} ingridca_{r,rr,t} \times PGR_{r,rr,t}$$
$$+ \sum_{r} instoca_{r,t} \times PPS_{r,t} \quad (4.19)$$

$$cfu_{ELE,t} = \sum_{r} (pro_{ELE,Coal,r,t} \times FUF_{Coal,t} \times PFU_{Coal,t}$$
$$+ pro_{ELE,NG,r,t} \times FUF_{NG,t} \times PFU_{NG,t}) \quad (4.20)$$

$$\mathrm{cop}_{\mathrm{ELE},t} = \sum_{gt,r} \mathrm{eleca}_{gt,r,t} \times \mathrm{POP}_{gt,t} \qquad (4.21)$$

$$\mathrm{ctran}_{\mathrm{ELE},t} = \sum_{r,rr} \mathrm{tran}_{\mathrm{ELE},r,rr,t,m} \times \mathrm{PTR}_{\mathrm{grid},r,rr} \qquad (4.22)$$

$$\mathrm{ccar}_{\mathrm{ELE},t} = \sum_{r} (\mathrm{pro}_{\mathrm{ELE},\mathrm{Coal},r,t} \times \mathrm{EF}_{\mathrm{Coal},t} + \mathrm{pro}_{\mathrm{ELE},\mathrm{NG},r,t} \\ \times \mathrm{EF}_{\mathrm{NG},t}) \times \mathrm{PCT}_t \qquad (4.23)$$

$$c_{\mathrm{ELE}} = \sum_{t} (\mathrm{cinf}_{\mathrm{ELE},t} + \mathrm{cfu}_{\mathrm{ELE},t} + \mathrm{cop}_{\mathrm{ELE},t} \\ + \mathrm{ctran}_{\mathrm{ELE},t} + \mathrm{ccar}_{\mathrm{ELE},t})/(1+\mathrm{DR})^{t-2016} \qquad (4.24)$$

（二）西南地区天然气供应系统优化模型

天然气供应系统优化模型应用最优化方法计算得到长期总成本最低的系统规划方案，包括天然气管网、LNG 接收站、储气库的规划布局，以及天然气供应方案。等式约束为天然气供需平衡和基础设施建设，如方程（4.25）～方程（4.29）所示。不等式约束包括基础设施约束，即管道、LNG 接收站、储气库容量对天然气运输、进口和储存量的约束，如方程（4.30）～方程（4.33）所示。

$$\mathrm{DE}_{\mathrm{NG},r,t,m} = \mathrm{pro}_{\mathrm{NG},r,t,m} + \mathrm{imp}_{\mathrm{Coal},r,t,m} \\ + \sum_{rr}(\mathrm{tran}_{\mathrm{NG},\mathrm{Pip},rr,r,t,m} \\ - \mathrm{tran}_{\mathrm{NG},\mathrm{Pip},r,rr,t,m}) + (\mathrm{stob}_{\mathrm{NG},r,t,m} \\ - \mathrm{stoe}_{\mathrm{NG},r,t,m}) \qquad (4.25)$$

$$\mathrm{stob}_{\mathrm{NG},r,t,m} = \mathrm{stoe}_{\mathrm{NG},r,t,m-1} \qquad (4.26)$$

$$\mathrm{impca}_{r,t} = \mathrm{impca}_{r,t-1} + \mathrm{inimpca}_{r,t} - \mathrm{deimpca}_{r,t} \qquad (4.27)$$

$$\mathrm{stoca}_{r,t} = \mathrm{stoca}_{r,t-1} + \mathrm{instoca}_{r,t} - \mathrm{destoca}_{r,t} \qquad (4.28)$$

$$\mathrm{ngpipca}_{r,rr,t} = \mathrm{ngpipca}_{r,rr,t-1} + \mathrm{inngpipca}_{r,rr,t} \\ - \mathrm{dengpipca}_{r,rr,t} \qquad (4.29)$$

$$\mathrm{imp}_{r,t,m} \leqslant \mathrm{impca}_{r,t}/12 \qquad (4.30)$$

$$\mathrm{stob}_{\mathrm{NG},r,t,m} \leqslant \mathrm{stoca}_{r,t} \qquad (4.31)$$

$$\mathrm{stoe}_{\mathrm{NG},r,t,m} \leqslant \mathrm{stoca}_{r,t} \qquad (4.32)$$

$$\mathrm{tran}_{\mathrm{NG,pipe},r,\pi,t,m} \leqslant \mathrm{ngpipca}_{r,\pi,t}/12 \tag{4.33}$$

系统总成本包括天然气生产、进口、储存、运输、LNG 气化成本,以及设施建设成本,如方程(4.34)~方程(4.39)所示。

$$\mathrm{cpro}_{\mathrm{NG},t} = \sum_{r,m} \mathrm{pro}_{\mathrm{NG},r,t,m} \times \mathrm{PPR}_{\mathrm{NG},t} \tag{4.34}$$

$$\mathrm{cimp}_{\mathrm{NG},t} = \sum_{r,m} \mathrm{imp}_{\mathrm{NG},r,t,m} \times (\mathrm{PIM}_{\mathrm{NG},t,m} + \mathrm{PNG}_{\mathrm{NG},t}) \tag{4.35}$$

$$\mathrm{ctran}_{\mathrm{NG},t} = \sum_{r,\pi,m} (\mathrm{tran}_{\mathrm{NG,Pip},r,\pi,t,m} \times \mathrm{PTR}_{\mathrm{NG,Pip},r,\pi,t,m}) \tag{4.36}$$

$$\mathrm{cst}_{\mathrm{NG},t} = \sum_{r,m} (\mathrm{stob}_{\mathrm{NG},r,t,m} \times \mathrm{PST}_{\mathrm{NG}}) \tag{4.37}$$

$$\mathrm{cinf}_t = \sum_{r} (\mathrm{inimpca}_{r,t} \times \mathrm{PNG}_t + \mathrm{instoca}_{r,t} \times \mathrm{PNS}_t) + \sum_{r,\pi} \mathrm{inngpipca}_{r,\pi,t} \times \mathrm{PPI}_{\mathrm{NG},r,\pi,t} \tag{4.38}$$

$$c_{\mathrm{NG}} = \sum_{t} (\mathrm{cpro}_{\mathrm{NG},t} + \mathrm{cimp}_{\mathrm{NG},t} + \mathrm{ctran}_{\mathrm{NG},t} + \mathrm{cst}_{\mathrm{NG},t} + \mathrm{cinf}_t)/(1+\mathrm{DR})^{t-2016} \tag{4.39}$$

第二节 西南地区能源需求预测

西南地区虽然有着丰富的清洁能源资源,但目前正面临着发展受限、能源结构不合理,尚未完全满足能源系统"清洁、低碳、安全、高效"的要求等问题。在长远发展趋势下,针对未来各地区能源需求(能源消费总量、能源消费结构)、能源供需形势、能源供应路线的趋势开展预测与定量分析,是研究西南地区能源革命方案的重要内容和基础。特别地,西南地区未来还有很大发展空间,随着经济规模的不断扩大,所面临的资源约束、环境约束也日益趋紧,既要关注能源系统的清洁化和低碳化,也要进一步提高能源利用效率,保障与经济社会发展相伴随的能源需求。本节使用前面介绍的模型研究方法,开展情景假设、能耗水平、部门需求、终端能源需求预测,以及电力和天然气的供应优化研究,为西南地区能源共享发展提供重要定量依据。

一、能源需求

本书建立从部门到整体、从终端能源到一次能源的能源需求预测模型。该模型基于各省区市的经济社会和能源发展的历史趋势与现状,结合西南地区经济发展前景、未来产业结构调整和技术提升趋势,根据西南地区自身特点和需求设计能源革命的方向和举措,判断未来分部门的地区生产总值增速和分部门的能源结构及能耗强度,运用投入产出方法,分析不同能源品种在国民经济不同部门的利用情况,得到西南地区各省区市2035/2050年的能源、经济发展和环境排放的趋势及各项关键指标。

(一)自下而上的能源消费需求预测

本节对各终端能源消费部门的能源消费需求和能源消费结构分别进行预测,得到分部门、分品种的未来能源消费需求:首先以国家发展目标、发达省市发展历程和水平、国际产业结构调整方向为依据,研判西南地区各省区市分部门未来的地区生产总值增速以及能耗强度,进而得到各部门的未来(2035/2050年)能源消费需求总量,然后结合各部门的能源转型趋势,得到各部门分能源品种的能源消费需求。

(二)考虑能源加工转换损失的投入产出分析

加工转换投入产出量主要指的是火力发电过程、供热过程等涉及的投入产出量,其作用是将终端能源消费通过投入产出方法折算为一次能源需求。得到能源消费总量之后,还可以通过引入排放因子,对能源消费相关的环境污染物排放等指标进行计算,评估能源发展对生态环境的影响。能源需求预测模型如图4.2所示。

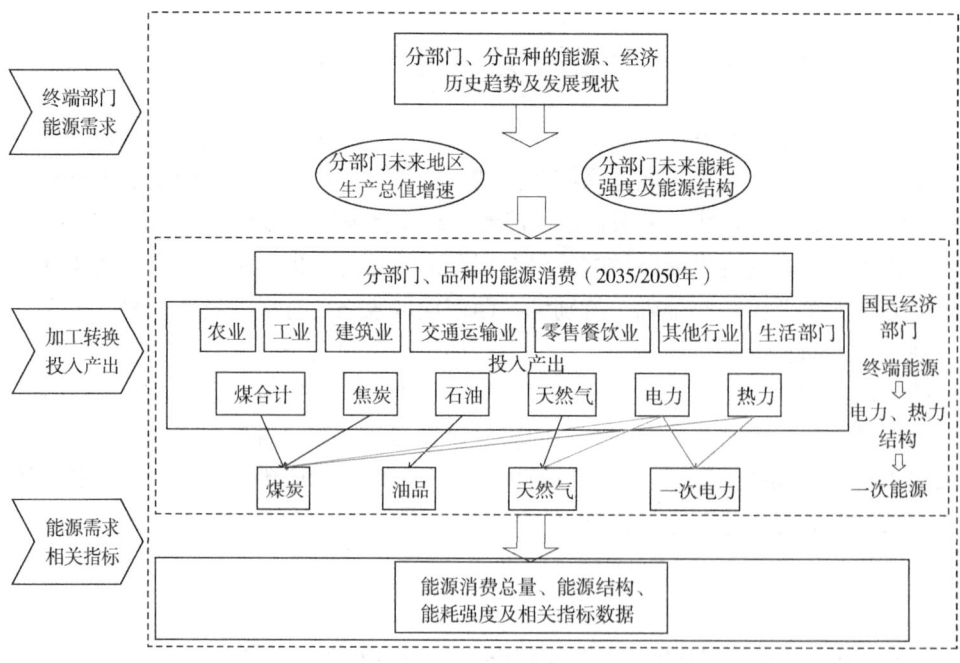

图 4.2 能源需求预测模型

二、情景设置和参数设定

(一) 情景设置

在实现同一转型目标下,需要权衡终端电气化水平和非化石电力占比的发展,更高的电气化水平将会导致更高的电力需求,这也是影响电力供应系统规划的主要因素。因此,本书设置电气化率低、中、高三种情景,分别记为 L、M、H,如表 4.1 所示。模型中各省区市的能源资源和能源技术成本的展望等输入数据保持不变。西南地区各月风电、光伏发电最高运行小时数按照 2018 年历史数据计算得到,煤电、气电的年最高运行小时数均按照 6000 小时计算。

表 4.1 情景终端电气化率及全国电力需求设定

指标	L	M	H
2050 年终端电气化率/%	35	39	43
2050 年全国电力需求/(亿千瓦·时)	11.0	12.1	13.2

本书分别在常规情景和能源革命情景下研判西南地区的能源发展趋势。常规情景中,各部门的能源消费结构保持现状不变,发电、供热的能源结构保持现状不变。能源革命情景中,根据西南地区能源革命的重点方向,在常规情景的基础上做以下调整:在消费侧以煤改电、煤改气、推广电动汽车等措施控制相关重点部门(工业、交通运输业)的煤炭和油品消费,提高电力和天然气的终端消费占比;在供应侧调整能源生产结构,包括提高天然气供应,尤其是在发电部门控制燃煤发电,提高非化石能源发电占比。通过评估上述能源革命举措对于所实施部门能源结构调整的潜力,研判在其作用下西南地区各部门未来的能源结构,代入能源需求预测模型中,进而可得到能源革命情景下分部门、分品种的未来能源消费需求和各省区市的能源消费需求总量。

(二) 参数设定

首先需要对西南地区未来的经济增长以及终端能源消费结构进行研判。西南地区各省区市地区生产总值增速的研判如表 4.2 所示,地区生产总值增长情况如表 4.3 所示,以 2015 年不变价格计算。

表 4.2 全国及西南地区各省区市地区生产总值增速研判 (单位: %)

地区	2017 年	2018~2025 年	2026~2035 年	2036~2050 年
全国	6.9	6.0	4.0	3.0
重庆	9.3	6.0	4.1	2.9
四川	8.1	7.4	4.9	3.0
贵州	10.2	8.1	5.6	3.6
云南	9.5	7.9	5.4	3.4

续表

地区	2017年	2018~2025年	2026~2035年	2036~2050年
西藏	10.0	8.6	6.4	4.4
西南地区	9.0	7.3	5.0	3.2

表4.3 西南地区各省区市地区生产总值预测（以2015年不变价格表示） （单位：亿元）

地区	2015年	2020年	2035年	2050年
重庆	15 717	22 650	45 641	70 073
四川	30 053	44 117	101 235	158 469
贵州	10 503	16 486	41 769	71 849
云南	13 619	20 782	51 186	85 534
西藏	1 026	1 611	4 526	8 737
西南地区	70 918	105 646	244 357	394 662

1. 经济增长设定

从发达国家发展的轨迹来看，一个国家或地区的经济社会发展通常呈现S形规律，即经济发展初期负荷增长相对较慢，在工业化快速推进时期经济高速发展，经济发展达到一定程度后，受土地及环境容量、人口增速及经济增长模式转变等因素制约，增速呈现出逐步放缓的饱和态势。

对西南地区未来经济增长的判断应该从全国的视角进行考虑。党的十九大描绘了中国全面建设社会主义现代化强国的宏伟蓝图，提出了"两个一百年"目标。本书从经济增长视角对"两个一百年"目标进行了判断和解读。根据世界银行对全球174个国家收入水平的分类，中国2011年跻身中高收入国家，2016年在中高收入国家中排第30位，人均收入水平为美国的27%。中国要进一步推进现代化，人均收入水平不仅需要跻身高收入国家行列，并且要超越主要的发达国家。根据清华大学中国与世界经济研究中心（Center for China in the World Economy，CCWE）的研究成果，若将"基本实现社会主义现代化"的收入水平含义理解为达到世界银行定义的高收入国家群体的1/4分位数水平（以色列、西班牙等国家的当前相对水平），将"全面建成社会主义现代化强国"的收入水平含义理解为在高收入国家群体中居于前列（超越英国），那么实现"两个一百年"目标，中国经济须在2017~2025年保持年均6%的增速、2026~2035年保持年均4%的增速、2036~2050年保持年均3%的增速。具体数据如表4.2和表4.3所示。

西南地区在全国整体处于后发展地区，整体经济增速将快于全国、保持较高水平增长，但也将受到市场、外部环境等因素限制而逐渐放缓，并在21世纪中叶与全国水平相当。

2035年，重庆、四川、贵州、云南、西藏的地区生产总值将分别达到约4.56万亿元、10.12万亿元、4.18万亿元、5.12万亿元、0.45万亿元，相比于2020年分别增长102%、129%、153%、146%、181%；2050年，重庆、四川、贵州、云南、西藏的地区生产总值将分别达到约 7.01 万亿元、15.85 万亿元、7.18 万亿元、8.55 万亿元、0.87 万亿元，相比于 2020 年分别增长 209%、259%、336%、312%、442%。

2. 终端部门能源消费结构

西南地区各省区市各终端消费部门的能源消费构成如图 4.3 所示，将其与发达省市作对比并结合各地的实际，分别研判出能源革命在该部门的实施方向和实施目标，作为能源革命情景的设定依据。常规情景下，各终端消费部门的能源消费结构不进行调整，即维持现状；能源革命情景下，需考虑能源革命举措的实施。

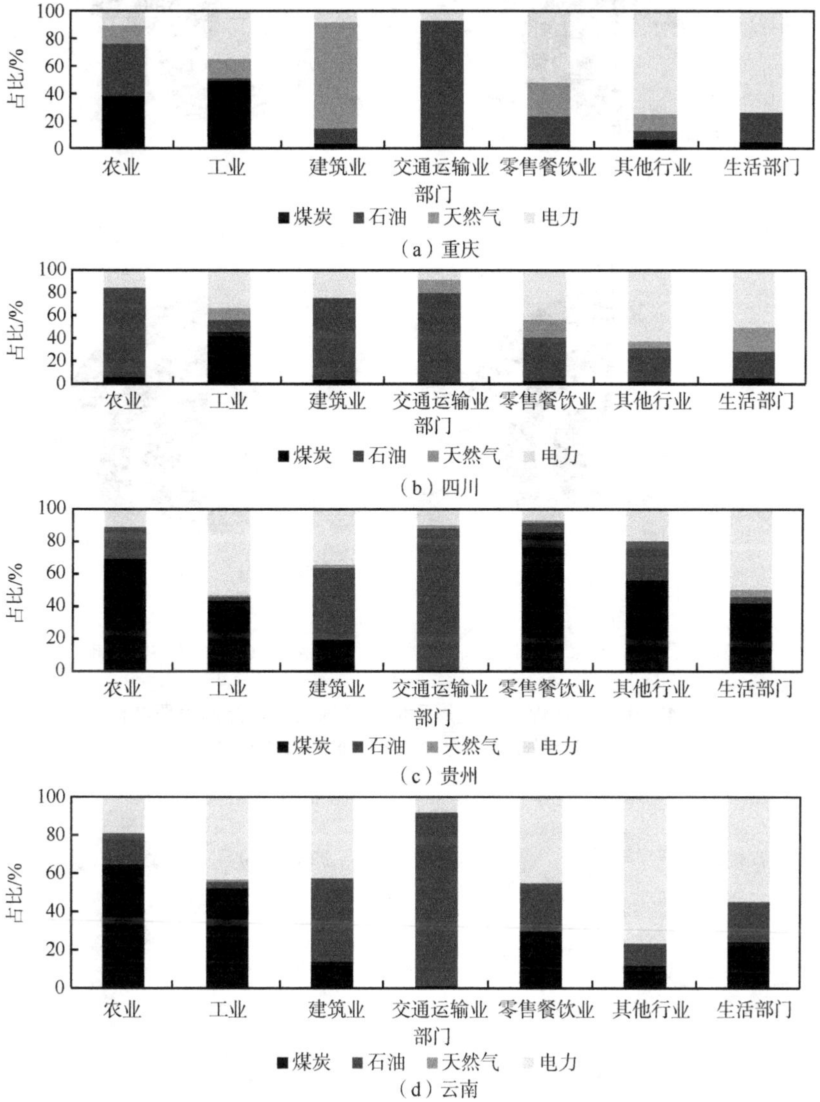

图 4.3 西南地区各省区市终端消费部门能源消费结构

因数据等限制，暂无西藏，图 4.4 和图 4.5 同此

第一,工业等部门实施电能替代和天然气替代,各消费比例参考发达省市(浙江、江苏)当前水平设置,并且考虑到四川、重庆天然气更加丰富,其天然气消费占比将高于云南、贵州的天然气消费占比;第二,交通运输业部门推广使用电动汽车,推进电能对油品消费的替代。能源革命情景下工业、交通运输业两个重点部门的能源消费结构目标具体详见图4.4、图4.5。

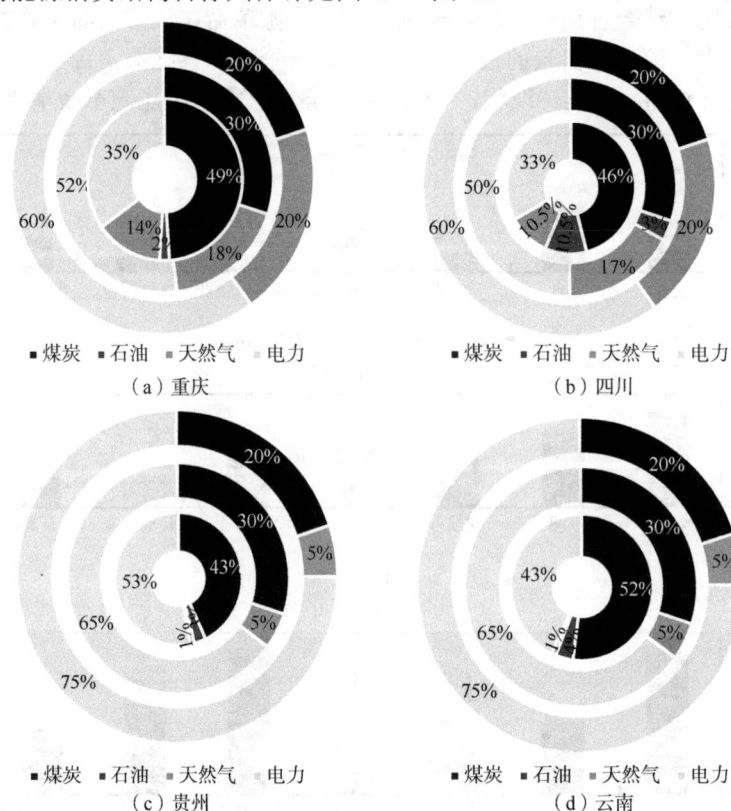

图4.4 实施电代煤、气代煤后的工业部门终端能源消费结构
从内圈到外圈分别为2016年、2035年、2050年

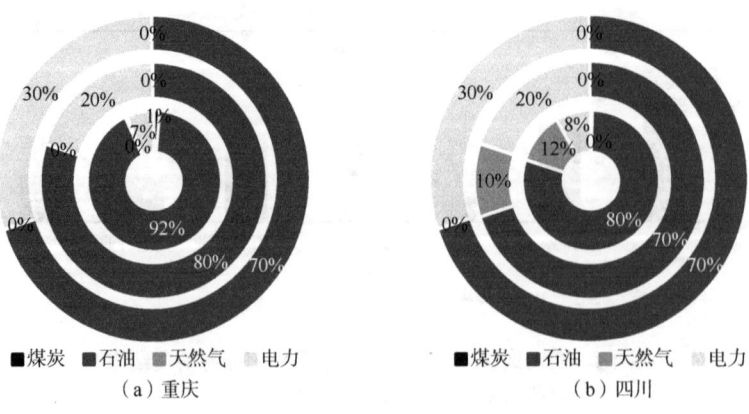

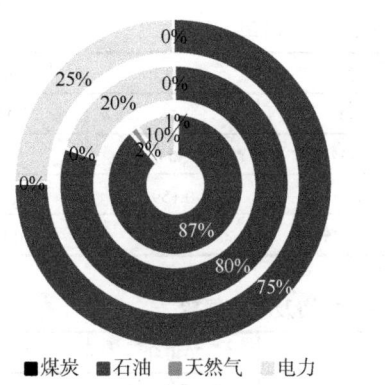
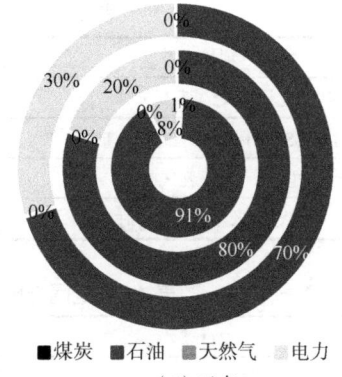

（c）贵州　　　　　　　　　　　（d）云南

图 4.5　交通运输业终端能源消费结构

从内圈到外圈分别为 2016 年、2035 年、2050 年

2019 年各省区市分技术发电装机情况如表 4.4 所示。

表 4.4　2019 年各省区市分技术发电装机情况　　　　　（单位：万千瓦）

地区	总装机	水电	火电	核电	风电	光伏发电
重庆	2445	768	1548	0	64	65
四川	9929	7846	1570	0	325	188
贵州	6600	2223	3410	0	457	510
云南	9525	6779	1508	0	863	375
西藏	323	170	42	0	1	110

模型中对发电设备投资成本、发电技术燃料消耗、电网与电储能设备投资及效率的展望分别如表 4.5～表 4.7 所示。

表 4.5　发电设备投资成本展望　　　　　（单位：万元/千瓦）

项目	2020 年	2040 年	2060 年
煤电	0.3529	0.3192	0.2887
煤电+CCS	0.4529	0.4192	0.3792
气电	0.2856	0.2336	0.1910
气电+CCS	0.3856	0.3336	0.2815
核电	1.6904	1.5291	1.3833
水电	0.6001	0.6130	0.6254
陆上风电	0.6795	0.4532	0.3706
海上风电	1.0192	0.4693	0.3838
光伏发电	0.5312	0.3544	0.2899

注：CCS 指碳捕集与封存（carbon capture and storage）

表 4.6　发电技术燃料消耗展望

项目	2020 年	2040 年	2060 年
煤电/[克标准煤/（千瓦·时）]	306	276	246
煤电+CCS/[克标准煤/（千瓦·时）]	337	304	271
气电/[米³/（千瓦·时）]	0.168	0.159	0.150
气电+CCS/[米³/（千瓦·时）]	0.185	0.175	0.165

表 4.7　电网与电储能设备投资及效率展望

项目	2020 年	2040 年	2060 年
电网投资/[万元/（吉瓦·千米）]	860	710	580
输电线损/%	6.8	5.8	4.8
电储能投资成本/[元/（千瓦·时）]	1939	856	700
电储能效率/%	85.4	87.4	89.4

各省区市逐月可再生资源波动情况采用国家统计局公布的 2019 年各省区市分技术发电量的波动情况。

3. 能源加工转换效率

对于能源加工转换效率，考虑到区域消费的各类二次能源（如焦炭、汽油、电力）均可能来自其他区域，故采用全国平均水平来计算。依据《中国统计年鉴 2018》，2016 年全国发电、炼焦、炼油的能源加工转换效率分别为 44.6%（发电 37.4%，供热 70.5%）、92.8%、97.8%。

4. 能耗强度

西南地区各省区市的能源利用效率较发达省市仍存在较大差距。参考我国发达省市的发展历程，能耗强度经历了一个逐步下降的过程，且表现出了与地区生产总值的对应关系。从图 4.6 中可以看出各区域的能耗强度随着地区生产总值增长呈现出一个持续下降的趋势。但对于各个地区而言，由于产业结构差异等因素，能耗强度下降与地区生产总值增长之间关系曲线不尽相同：地区生产总值低于 2 万亿元的发展过程中，能耗强度下降趋势较为剧烈；超过 2 万亿元的发展过程中，能耗强度变化相对较为缓慢。本书在借鉴发达省市已有发展历程的基础上，结合各省区市能源发展"十三五"规划，研判西南地区各省区市未来的能耗强度变化趋势（由于西藏并未有权威公开的能源消费数据，此处未进行计算）。借鉴发达省市的发展历程和发展模式，西南地区各省区市的能耗强度研判如表 4.8 所示。

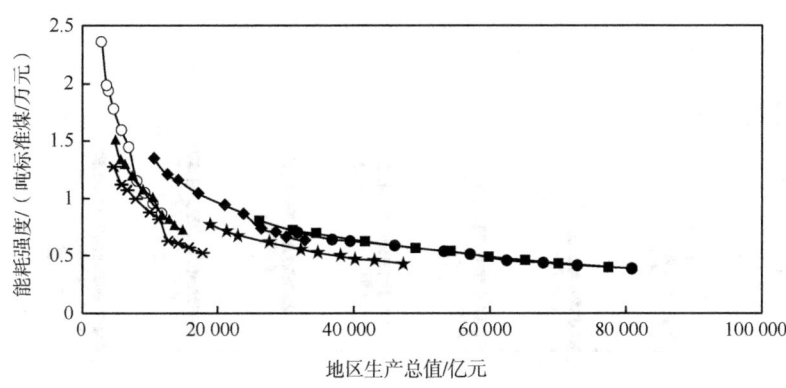

图 4.6 西南地区各省区市及发达省市能耗强度变化情况
根据各省区市统计局发布的公开资料整理；地区生产总值按 2015 年不变价格计算

表 4.8 西南地区各省区市能耗强度设定 （单位：吨标准煤/万元）

地区	2015 年	2020 年	2035 年	2050 年
重庆	0.51	0.43	0.27	0.20
四川	0.66	0.55	0.33	0.25
贵州	0.99	0.78	0.45	0.33
云南	0.76	0.63	0.38	0.28

注：地区生产总值按 2015 年不变价格计算

2035 年，重庆、四川、贵州、云南的能耗强度达到当前广东、浙江等发达省份的水平，分别为 0.27 吨标准煤/万元、0.33 吨标准煤/万元、0.45 吨标准煤/万元、0.38 吨标准煤/万元，较 2015 年分别下降 47%、50%、55%、50%。2050 年，重庆、四川、贵州、云南的能耗强度达到当前发达国家水平，分别为 0.20 吨标准煤/万元、0.25 吨标准煤/万元、0.33 吨标准煤/万元、0.28 吨标准煤/万元，较 2015 年分别下降 61%、62%、67%、63%。

三、西南地区能源需求预测结果分析

在上述参数设定和情景设置之下，重庆、四川、贵州、云南的能源消费预测如图 4.7 所示。

西南地区各省区市终端能源消费结构预测如图 4.8~4.11 所示。煤炭消费逐步得到控制，占比明显下降：重庆 2020 年、2035 年、2050 年煤炭消费占比为 40.5%、23.6%、15.6%；四川 2020 年、2035 年、2050 年煤炭消费占比为 33.0%、19.3%、15.4%。油品消费占比得到一定降低：重庆 2020 年、2035 年、2050 年油品消费占比为 15.4%、9.1%、6.7%；四川 2020 年、2035 年、2050 年油品消费占比为 21.0%、16.7%、14.7%。天然气、电力消费占比上升明显：重庆 2020 年、2035 年、2050 年天然气消费占比为 20.9%、29.4%、31.3%，电力消费占比为 23.2%、37.9%、46.4%；四川 2020 年、2035 年、2050 年天然气消费占比为 15.3%、23.1%、26.1%，电力消费占比为 30.7%、40.9%、43.8%。

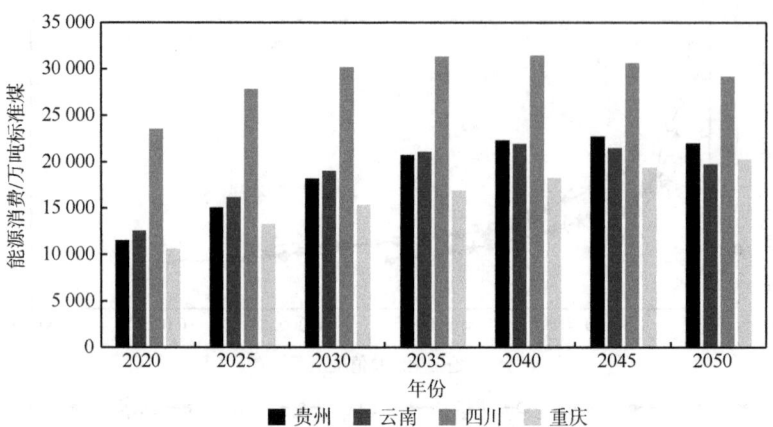

图 4.7 西南地区各省区市未来能源消费预测

2020 年数据为基于历史数据的预测值

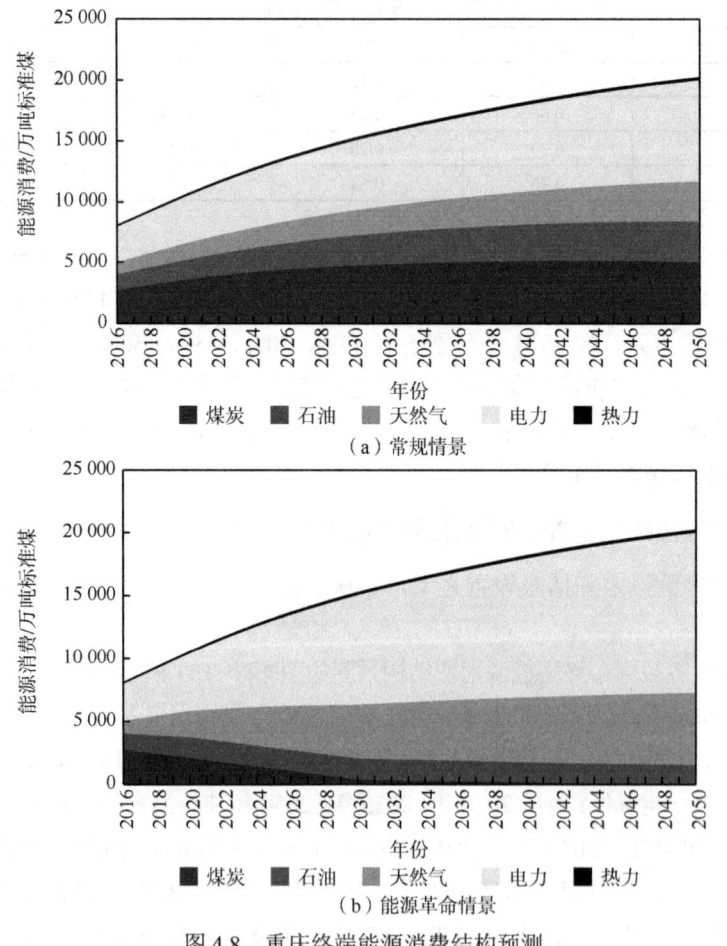

图 4.8 重庆终端能源消费结构预测

模型采用 2016 年为基准年，2017～2020 年数据为预测值，余图同

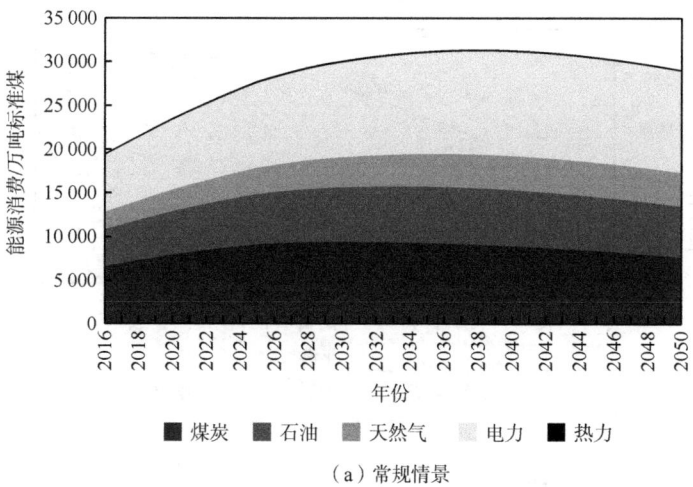

(a) 常规情景

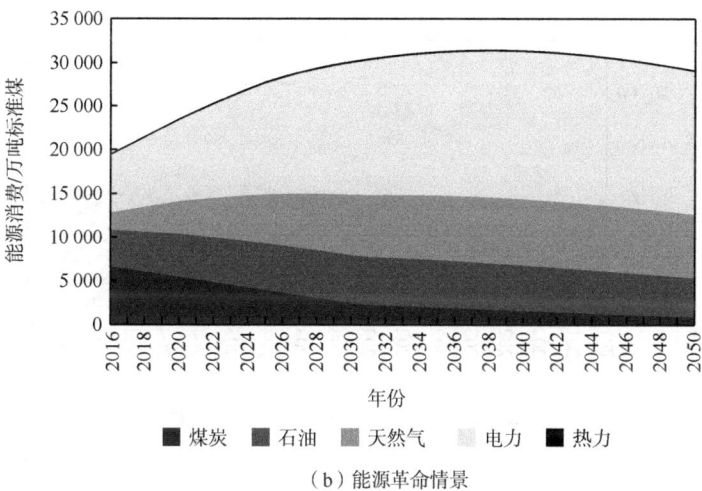

(b) 能源革命情景

图 4.9　四川终端能源消费结构预测

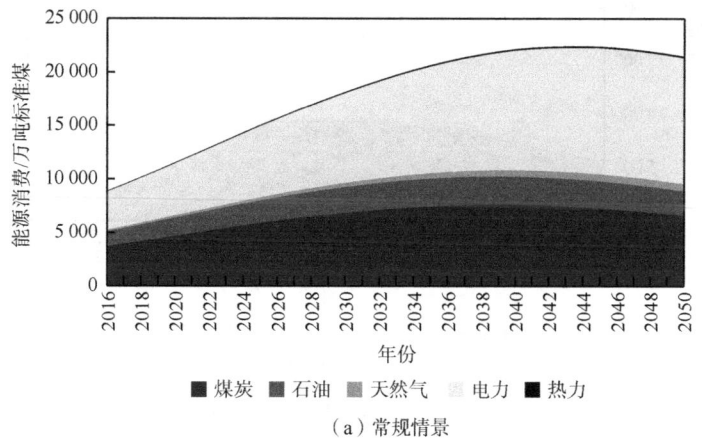

(a) 常规情景

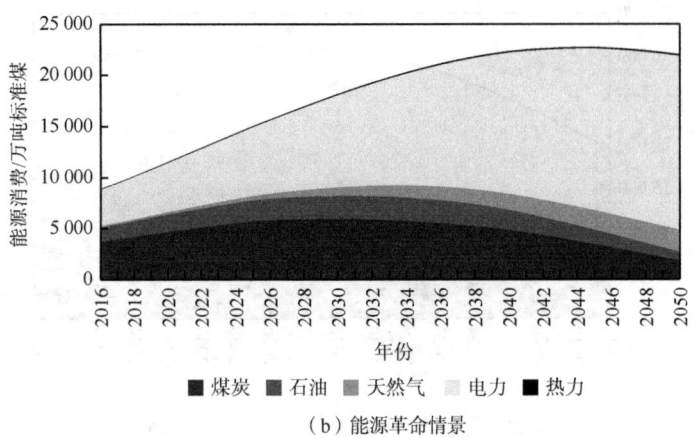

（b）能源革命情景

图4.10 贵州终端能源消费结构预测

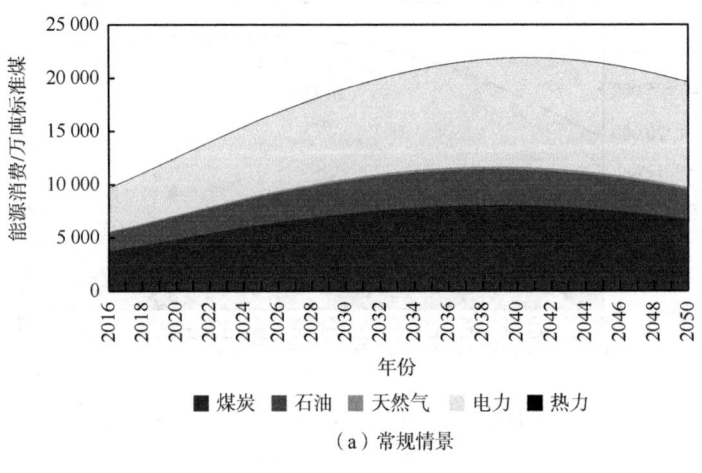

（a）常规情景

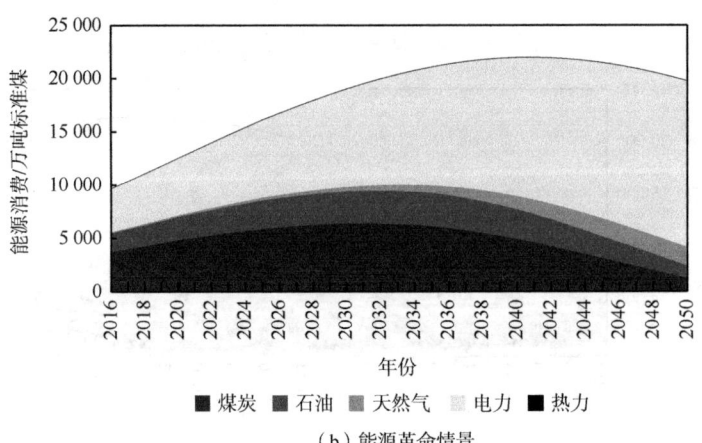

（b）能源革命情景

图4.11 云南终端能源消费结构预测

第三节 区域间能源供需平衡研究

西南地区拥有比较丰富的各类能源资源（水能、风光、天然气、煤炭），从优化资源配置的角度考虑，实现西南地区能源资源的协调开发与利用，比各省区市独立开发单一特色资源成本更低、效益更高，对于能源结构优化和经济社会持续发展所产生的带动作用更加显著。本书基于已开展的西南地区能源发展趋势研究工作，从全国一盘棋的角度着手搭建中国多区域能源供应系统优化模型，立足西南地区以及全国其他地区未来的能源需求和供应能力，以系统总成本最低为优化目标研究未来的能源供应方案，为指导西南地区各类能源的规划运行及电力、天然气的省间输送提供决策参考。

一、区域间能源平衡优化方法

在所建立的能源需求预测模型的基础上，本书建立中国多区域能源供应系统优化模型。该模型是在未来能源需求预测的基础上，以系统总成本最低为优化目标定量研究煤、油、气、电等主要能源品种基础设施建设方案及能源流动的数学方案。

该模型将中国划分为30个省区市（西藏、港澳台地区除外），从所有能源消费部门（含生产部门和生活部门）自下而上开展计算，能够给出精细到月份的能源供需方案。具体而言，该模型能够在能源消费需求预测（考虑不同区域、不同部门、不同能源品种在初始状态、经济增长、技术进步、资源禀赋和转型政策等方面的差异，计算得到中国2020~2050年各区域、各部门、各能源品种的需求）的基础上，基于超结构数学建模的方法，在众多能够满足未来能源需求的技术路径中找出满足环境等外部约束条件经济成本最低的路径。模型所考虑的技术路径覆盖能源的生产→转化→运输整个流程，不仅包含发电装机、输电线路、（电）储能、煤炭产能、炼油产能、石油管网、天然气管网、天然气储气库和LNG接收站等能源基础设施，而且涵盖煤电、气电、核电、水电、陆上及海上风电等能源转化利用技术，以及公路、铁路、海运、长距离输电、管道运输等能源运输手段，并且考虑本地生产、陆上进口及海上进口等多种能源来源。基于优化算法，模型能够在众多的能源生产、运输、转化、利用方式中计算得到总成本最低的能源供需平衡和基础设施建设方案。

二、电力区域间平衡优化分析

当前，西南地区与西北、华中、华东、华南地区均有电力输送通道，其中四川送华东、云南送华南为主要电力输出通道。西南地区内部各省区市间电力传输规模较小，分属南方电网的云南、贵州与分属国家电网的四川、重庆之间没有大容量电力输送通道，且云南和贵州之间没有大容量电力输送通道。

通过模型计算，可以得到满足在给定电力需求条件和碳排放总目标约束下，电力供应系统总成本最低时,全国各省区市电力装机、发电量、电网建设及电力调度情况。

(一)电力供需平衡分析

各区域电力生产规划将会影响两方面问题:一方面,西南地区的电力生产规划将会影响整个西南地区未来电力出口,以及该区域电力低碳转型进程;另一方面,从电力生产和消费的季节性波动来看,月度电力生产规划将会影响可再生能源消纳。西南地区2050年各种类型的电力装机规模及调出量如表4.9所示。2016~2050年西南地区各种类型发电量构成及电力需求中长期预测结果如图4.12所示。

表4.9 西南地区2050年电力装机规模与调出量 (单位:太瓦·时)

情景	电力装机					净调出
	煤电	气电	水电	陆上风电	光伏发电	
低情景	198.4	35.3	1111.2	89.8	488.3	352.0
中情景	287.5	41.9	1111.2	89.8	489.3	271.9
高情景	440.7	42.7	1111.2	89.8	489.3	249.0

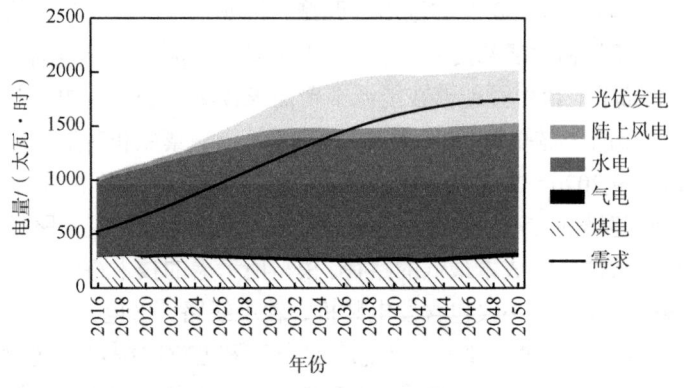

图4.12 西南地区发电量构成及需求中长期预测

电力供应方面,四川、云南装机将明显增长,而重庆、贵州装机增长有限。从具体类型来看,西南地区未来装机增长主要是水电、风电、光伏发电、天然气发电,其中重庆能源资源总体匮乏,现有电力资源已基本开发完毕,水电、风电、光伏发电和天然气发电的增长空间均很有限,仅能增加一定规模的煤电;四川水能、光伏资源均有开发余量,未来电力装机增长明显,增长来源主要是水电、光伏发电,此外还有少量的天然气发电;贵州煤炭资源丰富,同时也具有一定的光伏资源,未来电力装机增长主要来自煤电和光伏发电;云南水能、风光资源均十分丰富,其他资源较贫乏,近期将继续开发丰富的水电资源,远期待水电开发完毕、光伏发电成本下降后,光伏发电将得到快速增长。

非化石电力占比将会从 2016 年的 71% 升至 2050 年的 84%，而且西南地区在 2050 年前仍将保持电力外送，但随着区域内电力需求不断增加，电力输出量将会逐渐减少。此外，情景分析结果表明，终端电力消费占比提高将会减少电力净输出量。从各省区市来看，至 2050 年前，四川和云南将会持续输出电力到其他省区市。从四川输出到东部地区电力将会持续增加，而从云南输出至南部地区的电力将会逐渐减少。重庆随着自身电力需求的不断增加，将会从其他区域调入更多的电力。这种供需差异给跨区域电力规划提供了基本判断依据。

四川、云南、重庆和贵州的未来电力供需形势的判断如下：①长期来看，重庆电力缺口将逐渐扩大，外地调入电量将逐渐增加，同时本地煤炭发电量和天然气发电量有所增加；②四川将持续作为电力输出省份，本地区光伏发电发展潜力较大，天然气发电有所增加。

四川的电力盈余在 2017 年时约 1300 万千瓦，到 2020 年时约 550 万千瓦。但随着经济社会的进一步发展，2020～2030 年，电力逐渐从盈余转向不足，在不同的方案中，可以看到在低方案下，2029 年出现不足；在中方案下，2024 年左右出现不足；在高方案下，2022 年左右出现不足。特别是在 2030 年以后，电力不足的问题将逐步加剧，预计在 2035 年，电力缺口达 1350 万～2300 万千瓦，2050 年的电力缺口将达 5300 万～7400 万千瓦。

到 2030 年，四川煤电装机将达到 1680 万千瓦，水电装机为 10 700 万千瓦，常规气电装机为 70 万千瓦，风电装机为 1500 万千瓦，光伏发电装机为 600 万千瓦，分布式气电装机为 360 万千瓦。

各研究机构对四川水电开发时序的预测如表 4.10 所示。

表 4.10　四川水电开发时序预测　　　　　　　　（单位：万千瓦）

类型		2025 年	2030 年	2035 年	2050 年
按现有投产规划统计		10 770	11 274	11 400	11 600
《电力发展"十三五"规划（2016—2020 年）》		—	—		
电力规划设计总院		12 598	13 983		
成都勘测设计研究院	低方案	9 301	10 318	10 694	
	中方案	9 527	10 769	11 194	
	高方案	9 587	11 243	11 694	
国网四川省电力公司经济技术研究院		—	14 150	14 150	14 150

方案一：根据 2017 年底前已核准和 2018～2020 年拟核准规划统计，若不考虑新增规划，四川全口径水电装机 2020 年达 8137 万千瓦，2030 年达 11 274 万千瓦。

方案二：参考成都勘测设计研究院研究报告，2030～2050 年装机缓慢增长，2035 年装机为 11 400 万千瓦，2050 年装机为 11 600 万千瓦。

贵州输出电力随着自身用电水平的增加而减少，预计将在 2035 年左右由电力净输出省份转变为电力净输入省份,为满足自身电力需求,贵州仍需要增加煤电(图 4.13);云南仍将持续输出电力,并且在不发展光伏发电的情况下,云南到 2050 年也基本能够实现电力的自给自足(图 4.14)。

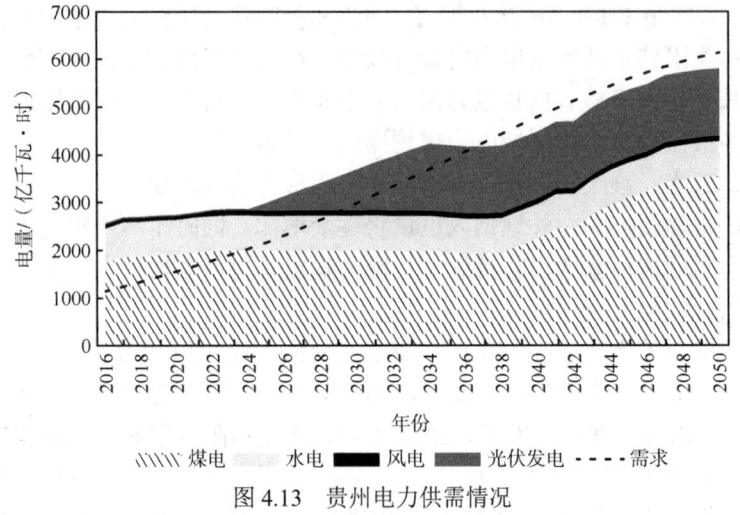

图 4.13　贵州电力供需情况

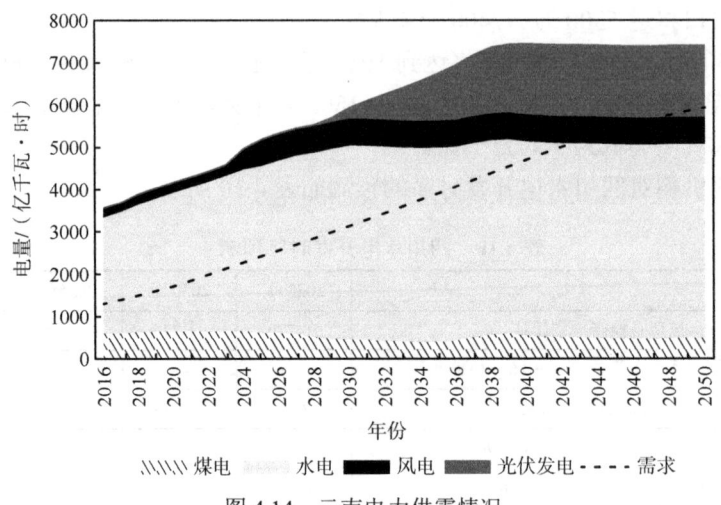

图 4.14　云南电力供需情况

(二)西南地区电力跨省传输分析

西南地区电力跨省传输分析包含向区外传输和区域内互联互通两个方面。区外传输方面,2035 年前西南地区的电力输出将会保持稳定,在此之后,随着西南地区经济发展,西南地区各省区市自身用电量将持续增长,西南地区输送到其他地区的电力总量逐渐下降,如图 4.15 所示。研究结果表明,西南地区向华东地区的电力输送保持稳定,向华南地区的电力输送下降明显。

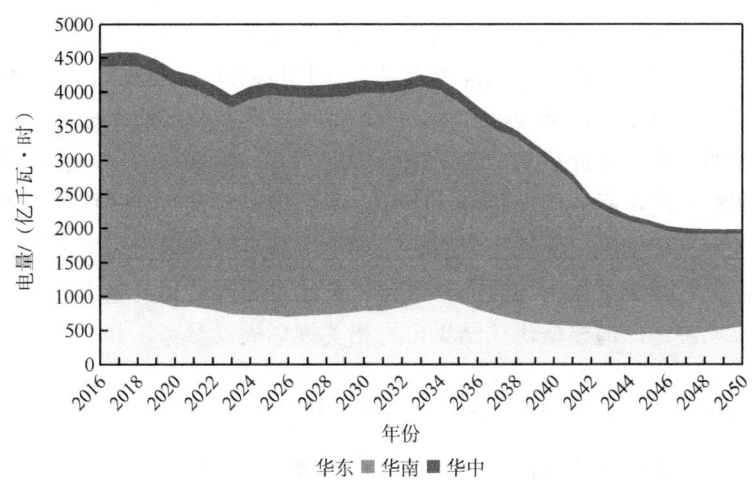

图 4.15 西南地区向其他地区输送电量变化情况

区域内互联互通方面，西南地区各省区市间电力调配逐渐增加，长期来看，四川、云南两省电力将用于满足重庆、贵州的电力需求，区域内累计需要新增电网规模如图 4.16 所示。研究结果表明，四川和重庆间电网容量需要大规模增加，四川与重庆间电力传输规模将逐渐扩大。此外，研究结果表明，为促进西南地区内部电力合理调配，需要打通云南到贵州、贵州到重庆间的电力传输通道。

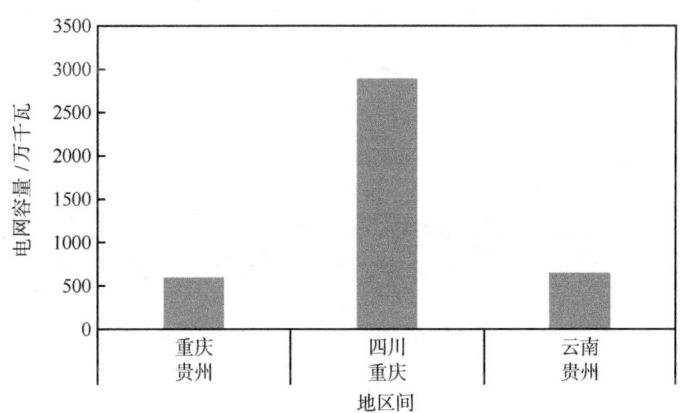

图 4.16 西南地区累计需要新增电网规模

最优的电力生产、输出规划可为跨区域电力平衡提供科学参考。以四川为例，水力发电季节性波动显著，主要是在夏季汛期有大量电力。四川富余水电可以传输至其他省市。重庆全年都在从四川调入电力，而东部地区诸如浙江、江苏和上海将会在夏季调入更多的电力，用以满足制冷需求，从而以较少的成本满足电力需求高峰，避免了本区域投资建设多余的电力产能。从四川调入电力将会消除江苏月度电力生产波动。从四川调入电力将会有效减缓上海月度电力生产波动，但部分的电力需求峰值仍将由本地煤电来满足。四川将会仅在夏季向浙江输入电力，因为从全国一盘棋来看，减少浙江的多余产能所需要花费的成本要高于上海购买电力所花费的成本。由此可见：①对电力调度而言，根据电力生产和需求平衡情况，适时调整月度电网利用率将会比固定电网利用率更具有经济性；②将西南地区水电输送到东部地区，不仅可以减少东部地区满足峰值电力需求所需要的额外电力产能，并且减少了西南地区的弃水量。虽然目前区域间的电力调度规划还不能完全由市场决定，但模型优化结果可为相关规划提供参考。

三、天然气区域间平衡优化分析

当前，西南地区天然气自给率约为120%，2016年约有60亿米³天然气通过川气东送通道输送到华中和华东地区。此外，中贵和中缅两条天然气管道分别从西北地区和缅甸向西南地区供应天然气。

（一）天然气供需平衡分析

通过能源需求预测得到的西南地区的未来天然气需求如图4.17所示，在能源革命的推动下，各省区市的天然气需求都将明显增加。

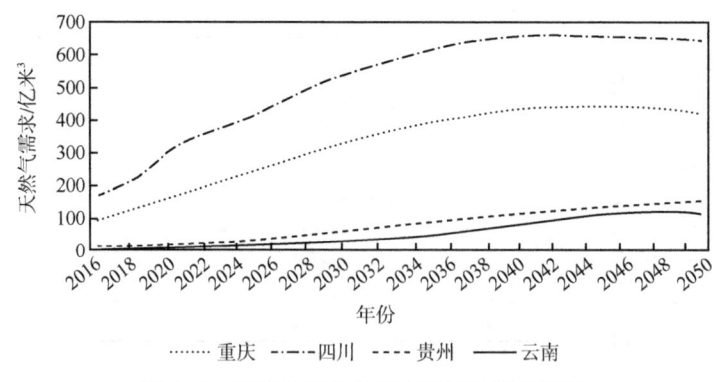

图4.17 西南地区各省区市天然气需求预测

天然气供应方面，西南地区的天然气主要来自川渝地区，近期天然气产量还将持续增长，但到2035年左右基本达到峰值。

分析西南地区天然气的供需形势，结果表明，在全国大规模实行天然气替代的背景下，西南地区天然气自给率将逐渐下降，由净输出地区转变为净输入地区，但自给率相较于全国仍处于较高水平，如图4.18所示。

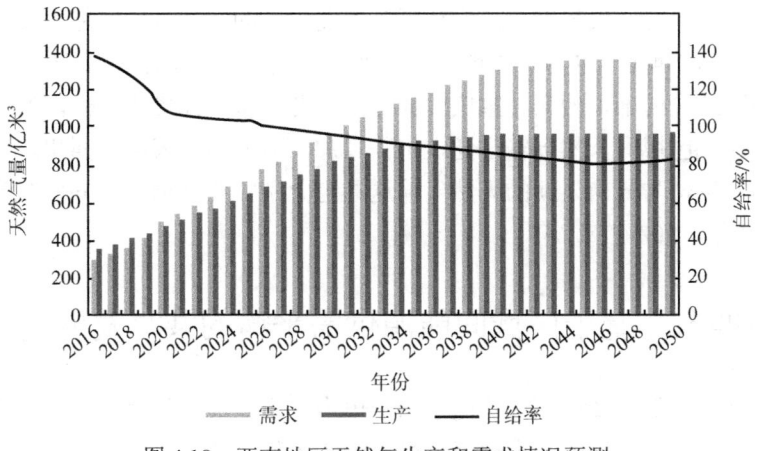

图 4.18　西南地区天然气生产和需求情况预测

（二）西南地区天然气跨省传输分析

研究结果表明，在大力推动天然气替代的背景下，西南地区将成为天然气净调入和天然气输送中转区，如图 4.19 所示。

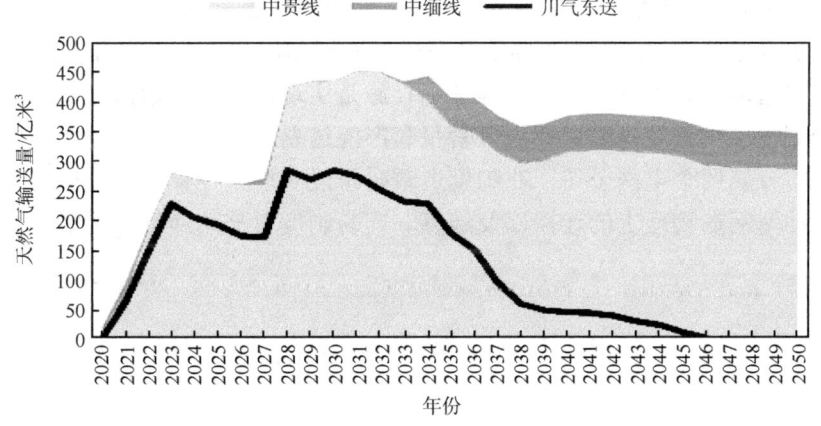

图 4.19　西南地区与其他地区天然气输送情况

从短期来看，西南地区仍将处于天然气净输出地区，主要向华中和华东地区供应天然气。从中期来看，西南地区通过中贵线和中缅线，从天然气资源丰富的西北地区和缅甸调入天然气，并经由川气东送等通道向华中和华东地区供应天然气。从长期来看，天然气需求进一步提高，而西北地区和缅甸的供应能力有限，西南地区将减少对华中和华东地区的天然气供应，华中和华东地区将更多依赖海上进口的天然气。

随着天然气消费量的逐渐增加，天然气管网作为天然气运输的主要途径也需要进行扩张。研究结果表明,西南地区与西北地区的天然气输送能力需新增累计600亿米^3/年,西南地区与华中地区的天然气输送能力需新增累计300亿米^3/年。

在西南地区内部,四川、重庆的天然气资源丰富,而贵州、云南的天然气资源较少,因此区域间天然气输送通道也需增加。研究结果表明,四川与重庆、重庆与贵州、贵州与云南之间的天然气输送通道分别需要新增累计600亿米^3/年、300亿米^3/年、300亿米^3/年。

第四节　基于区域间能源供需平衡的共享发展建议

西南地区在能源革命期间仍处于清洁电力输出和天然气输送中转的地位。随着西南地区的经济发展,西南地区自身能源需求将不断增加,清洁能源外送量将逐渐下降。研究结果表明,西南地区向华东地区的电力输送将保持平稳,向华南地区的电力输送将快速下降。西南地区向华中、华东地区的天然气输送将逐渐减少,最终由天然气净输出地区转变为净输入地区。

由于区域内省区市间资源差异显著,在西南地区内进行能源共享具备经济性和可操作性。研究结果表明,四川和云南的电力将用来满足重庆和贵州的电力需求,四川和重庆的天然气将用于满足贵州和云南的天然气需求。

加快推动区域内能源共享需要从基础设施和制度改革两方面着手。一方面,电力输送通道、天然气输送管道等基础设施是实现能源在区域内共享的基础,合理规划基础设施能同时避免供应紧张和产能过剩的局面;另一方面,西南地区四省市分属两个电网公司,在制度上暂时不能实现大规模区域内电力共享,因此推动两网在物理上的连接以及结算、交易制度对推动西南地区能源共享至关重要。

第五章 考虑负荷需求响应的西南地区水电外送及消纳问题

第一节 需求响应研究背景

需求响应是指用户接收供电方发出的诱导性减少负荷的直接补偿通知或者电价上升信号后,改变固有用电模式,减少或推移某时段的用电负荷而响应电力供应的短期行为。本章重点对如何通过需求响应提升本地水电消纳能力进行研究,包括:①以经济补贴为激励,鼓励本地工、商业负荷主动"移峰/削峰填谷",减少丰水期夜间弃水;②通过需求响应改善水电外送曲线,使得外送功率更加平缓,与外省负荷区情况更加协调,从而提升外省接收意愿,增加外送电量;③通过需求响应减少火电出力,火电机组调峰需求减少,化石能源发电量减少,从而降低发电成本,节约资源,改善污染及碳排放情况。

需求响应可以通过各种经济措施或行政措施来实施。经济措施包括峰谷电价、阶梯电价等电价政策,行政措施包括有序用电管理和直接负荷控制。上海、江苏等地已建立需求响应资源库,夜间填谷可达总负荷的8%以上,取得了较好的调峰效果,山东、河南于2017年开始试点,用户参与意愿较高。从西南地区来看,以四川为例,近年来经济增长主要集中在第三产业,以交通运输业、建筑业(尤其是空调负荷)用电增长居多,具有较好的调节能力。未来西南地区经济持续增长,可调负荷将进一步增加。

第二节 模型建立

一、优化目标

模型以社会福利最大为优化目标,即当前装机及网架结构下,电力供给与需求的总成本最低。模型设置如图5.1所示。

$$\min_x \underbrace{\left[\sum_{s\in\Phi^S}\sum_{t\in\Phi^T}\sum_{i\in\Phi^G}\gamma_s c_i^G P_{i,s,t}^G\right]}_{\text{火电出力×煤耗}} + \underbrace{\left[\sum_{t\in\Phi^T}\sum_{i\in\Phi^G}(c_i^U Y_{i,t}+c_i^D Z_{i,t})\right]}_{\text{火电启停成本}} - \underbrace{\left[\sum_{t\in\Phi^T}\sum_{k\in\Phi^I}\lambda_{k,t}^I P_{k,t}^I\right]}_{\text{外送收益}} + \underbrace{\left[\sum_{j\in\Phi^{\text{SDR}}}C_j^{\text{SDR}}+\sum_{j\in\Phi^{\text{MDR}}}C_j^{\text{MDR}}+\sum_{j\in\Phi^{\text{FDR}}}C_j^{\text{FDR}}\right]}_{\text{需求响应补贴}}$$

图 5.1 模型设置

二、需求响应建模

本节建立三种灵活型需求响应（flexible demand response，FDR）模型，即可平移型需求响应（deferrable demand response，DDR）、可切换型需求响应（switchable demand response，SDR）和可调节型需求响应（adjustable demand response，ADR）。三种模型介绍如下。

DDR 是指遵循某一负载曲线的可平移型负载，其操作可以在给定时间范围的任何时间内进行调度。DDR 的一些例子包括数据中心和工业制造业的批处理过程。

SDR 是指具有多种运行模式、每种运行模式分别对应一条固定的负荷曲线和一组负载模式的用电设备，如满载和负载循环模式。用户不能改变每种运行模式对应的负荷曲线的负载需求，但可以灵活地从一种负载模式运行模式切换到另一种负载模式运行模式。SDR 的一些例子包括电动汽车、空调系统和商业建筑的快速/慢速充电。

ADR 是指用电单位的设备每小时消耗的功率在一定范围内能灵活调整负荷需求的响应模式。与 DDR 和 SDR 不同，ADR 不需要用户遵循预定义的负载配置文件实现固定的负荷曲线，不需要解耦时间限制不同用电时段内的负荷，也没有相互影响的耦合关系，用户可以根据每天的总负荷需求调整每小时的负荷消耗，每小时负荷均可在一定范围内变动，满足每日用电总量需求即可。ADR 的一个例子是聚合住宅用户的负载服务实体。

在实际应用中，电力用户的平移/切换/调节成本可根据电价、人工成本、运行和维护成本等进行估算。图 5.2 显示了 FDR 的需求侧投标框架。

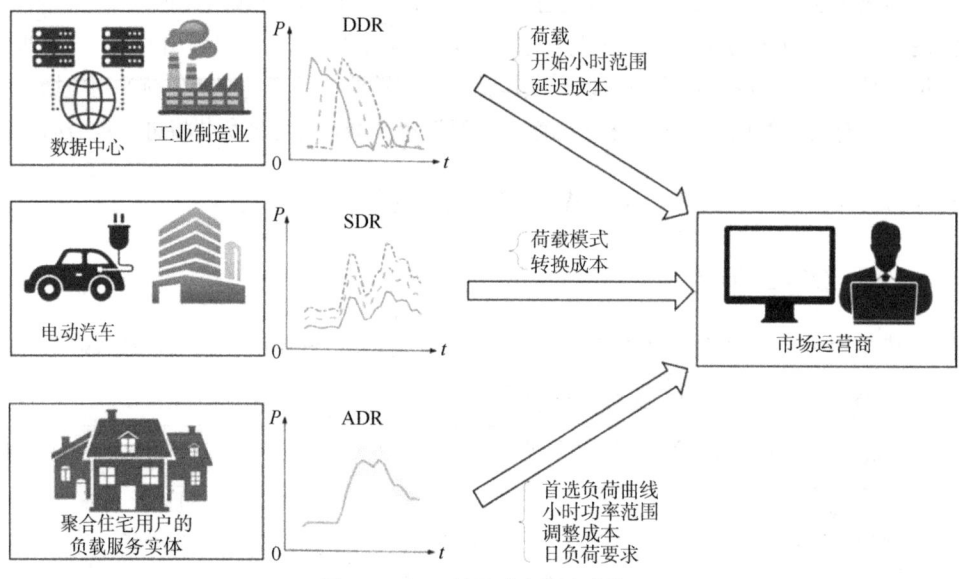

图 5.2　FDR 的需求侧投标框架

在日前市场中，大多数消费者根据自己的喜好选择需求响应方案。对于每种类型的需求响应，电力用户需要向市场运营商提交相关参数，然后由市场运营商建立发电侧和需求侧资源的联合优化模型，对发电机组和用电设备进行调度。优化目标是总发电和调度成本最低，同时遵从 FDR 运行约束、可再生能源的最小出力约束、区域间电力交易规则等。在实时市场中，以最大化可用传输容量（available transfer capability，ATC）为目标，市场运营商根据供应商的日前投标平衡实时电力供应、负荷需求、发电机出力和 FDR 运行方式。由于机组组合结果以及 DDR 和 SDR 的负荷模式是在日前市场中解决的，只有火电机组的小时在线功率和 ADR 的小时耗电量可以进行调整，以满足实时场景。

（一）DDR

DDR 模型满足如下的数学表达式：

$$C_j^{\mathrm{DDR}} = \sum_{\mathrm{tt}\in\Phi_j^{\mathrm{DDR}}} c_{j,\mathrm{tt}}^{\mathrm{DDR}} \alpha_{j,\mathrm{tt}}^{\mathrm{DDR}}, \forall j \in \Phi^{\mathrm{DDR}} \tag{5.1}$$

$$\alpha_{j,\mathrm{tt}}^{\mathrm{DDR}} \in \{0,1\}, \forall \mathrm{tt} \in \Phi_j^{\mathrm{DDR}}, j \in \Phi^{\mathrm{DDR}} \tag{5.2}$$

$$\sum_{\mathrm{tt}\in\Phi_j^{\mathrm{DDR}}} \alpha_{j,\mathrm{tt}}^{\mathrm{DDR}} = 1, \ \forall j \in \Phi^{\mathrm{DDR}} \tag{5.3}$$

$$P_{j,t}^{\mathrm{DDR}} = \sum_{\mathrm{tt}\in\Phi_j^{\mathrm{DDR}}} L_{j,t+\mathrm{tt}-1}^{\mathrm{DDR}} \alpha_{j,\mathrm{tt}}^{\mathrm{DDR}}, \forall t \in \Phi_j^T, j \in \Phi^{\mathrm{DDR}} \tag{5.4}$$

其中，决策变量用 X^{DDR} 表示，包括 DDR 的计划功率 $P_{j,t}^{\mathrm{DDR}}$ 和表示 DDR 开机时段的 0-1 整数变量 $\alpha_{j,\mathrm{tt}}^{\mathrm{DDR}}$。式（5.1）表示当第 j 个 DDR 延迟至 tt 时间段开机时的总成本 C_j^{DDR} 等于用户延迟至 tt 时刻开始用电所需的费用 $c_{j,\mathrm{tt}}^{\mathrm{DDR}}$。$\Phi^{\mathrm{DDR}}$ 是 DDR 的集合，Φ_j^{DDR} 是第 j 个 DDR 可选开机时段的集合。式（5.2）和式（5.3）表明任一 DDR 在一天内只有一个开机时间。如果选择时段 tt 作为开机时刻，那么 $\alpha_{j,\mathrm{tt}}^{\mathrm{DDR}}=1$（否则为 0）。式（5.4）表明实际的负荷曲线为原始负荷曲线向后平移 tt−1 小时，$L_{j,t}^{\mathrm{DDR}}$ 是第 j 个 DDR 原始的、最适合的负荷曲线，Φ^T 是时间序列的集合。

（二）SDR

SDR 模型满足如下的数学表达式：

$$C_k^{\text{SDR}} = \sum_{m \in \Phi_k^{\text{SDR}}} c_{k,m}^{\text{SDR}} \alpha_{k,m}^{\text{SDR}}, \ \forall k \in \Phi^{\text{SDR}} \tag{5.5}$$

$$\alpha_{k,m}^{\text{SDR}} \in \{0,1\}, \ \forall m \in \Phi_k^{\text{SDR}}, k \in \Phi^{\text{SDR}} \tag{5.6}$$

$$\sum_{m \in \Phi_k^{\text{SDR}}} \alpha_{k,m}^{\text{SDR}} = 1, \ \forall k \in \Phi^{\text{SDR}} \tag{5.7}$$

$$P_{k,t}^{\text{SDR}} = \sum_{m \in \Phi_k^{\text{SDR}}} L_{k,m,t}^{\text{SDR}} \alpha_{k,m}^{\text{SDR}}, \ \forall t \in \Phi^T, k \in \Phi^{\text{SDR}} \tag{5.8}$$

其中，决策变量用 X^{SDR} 表示，包括 SDR 的计划功率 $P_{k,t}^{\text{SDR}}$ 和表示 SDR 开机时段的 0-1 整数变量 $\alpha_{k,m}^{\text{SDR}}$。$C_k^{\text{SDR}}$、$\Phi^{\text{SDR}}$、$\Phi_k^{\text{SDR}}$ 和 $c_{k,m}^{\text{SDR}}$ 分别是第 k 个 SDR 的成本、SDR 的成本集合、第 k 个 SDR 可切换的负荷曲线集合，以及第 k 个 SDR 切换为第 m 个负荷曲线的成本。式（5.5）表明 SDR 的成本取决于切换到哪一种负荷曲线，以及切换所需的费用。通常来说，切换后的负荷曲线与原始负荷曲线（也是最适合需求响应所用的负荷曲线）差距越大，切换的成本就会越高。这是因为负荷曲线改变越大，所需的人工成本越高。式（5.6）和式（5.7）说明每天内任一 SDR 仅能选择一种负荷曲线。因此，当选定以第 m 种负荷曲线工作后，$\alpha_{k,m}^{\text{SDR}} = 1$（否则为 0）。式（5.8）说明 SDR 每小时的实际用电功率，$L_{k,m,t}^{\text{SDR}}$ 是第 k 个 SDR 选定的负荷曲线。

（三）ADR

ADR 模型满足如下的数学表达式：

$$C_n^{\text{ADR}} = \sum_{s \in \Phi^S} \sum_{t \in \Phi^T} \gamma_s c_n^{\text{ADR}} \left| P_{n,s,t}^{\text{ADR}} - L_{n,t}^{\text{ADR}} \right|, \ \forall n \in \Phi^{\text{ADR}} \tag{5.9}$$

$$L_{n,t,\min}^{\text{ADR}} \leqslant P_{n,s,t}^{\text{ADR}} \leqslant L_{n,t,\max}^{\text{ADR}}, \ \forall s \in \Phi^S, t \in \Phi^T, n \in \Phi^{\text{ADR}} \tag{5.10}$$

$$\sum_{t \in \Phi^T} P_{n,s,t}^{\text{ADR}} \geqslant E_n^{\text{ADR}}, \ \forall s \in \Phi^S, n \in \Phi^{\text{ADR}} \tag{5.11}$$

其中，决策变量用 X^{ADR} 表示，包括 ADR 的计划功率 $P_{n,s,t}^{ADR}$。式（5.9）说明第 n 个 ADR 的总成本 C_n^{ADR}，等于所有运行场景下全天负荷调整的总成本的期望。$\left| P_{n,s,t}^{ADR} - L_{n,t}^{ADR} \right|$ 表示每个时段负荷调整的功率，其中 $L_{n,t}^{ADR}$ 是第 t 个时段内用户最偏好的用电负荷。Φ^{ADR} 是 ADR 的集合。式（5.10）表明 ADR 每小时的功率在 $\left[L_{n,t,\min}^{ADR}, L_{n,t,\max}^{ADR} \right]$ 范围内。式（5.11）说明每日的负荷总量要满足用户的需求 E_n^{ADR}。

此外，由于 ADR 能够在实时运行时灵活调节用电负荷，日前市场确定的运行功率根据不同的运行场景有不同的取值。Φ^S 是运行场景的集合，γ_s 是预测的运行场景 s 出现的概率。

三、系统模型

已有的一些文献研究了考虑非弹性负荷需求的电网的可用传输能力。本书旨在评估 FDR 对实时可用传输容量增强的贡献，提出并阐述一个两阶段的可用传输容量评估框架，接着分别建立日前机组模型和实时可用传输容量优化模型。

（一）可用传输容量的评估模型

可用传输容量被定义为传输网络中在计划安排使用的基础上，为进一步进行电力交易而剩余的传输能力的度量。可用传输容量是反映电力系统运行可靠性的关键指标，其表达式为

$$P^{ATC} = P^{TTC} - P^{ETC} - P^{CBM} - P^{TRM} \tag{5.12}$$

其中，P^{ATC}、P^{TTC}、P^{ETC}、P^{CBM} 和 P^{TRM} 分别为可用传输容量、总传输容量、已用传输容量、容量效益裕度以及传输可靠性裕度。为便于分析，本书忽略 P^{CBM} 和 P^{TRM} 的影响，于是可用传输容量是总传输容量与已用传输容量的差值。

本书建立了一个两阶段的可用传输容量评估框架，模型框架如图 5.3 所示。在日前市场中，基于 FDR 竞价，采用机组组合模型来调度发电机组、响应型电力用户和交换电力。日前机组模型的目标是在受到一系列操作约束的情况下，最小化交换交易的总成本和利润之间的差异。在实时可用传输容量优化模型中，根据日前机组使总可用交换容量最大化。由于火力发电机组的灵活性不如需求侧资源，FDR 程序在提高实时可用传输容量以保证电力系统的可靠性和发电充足性方面起着关键作用。

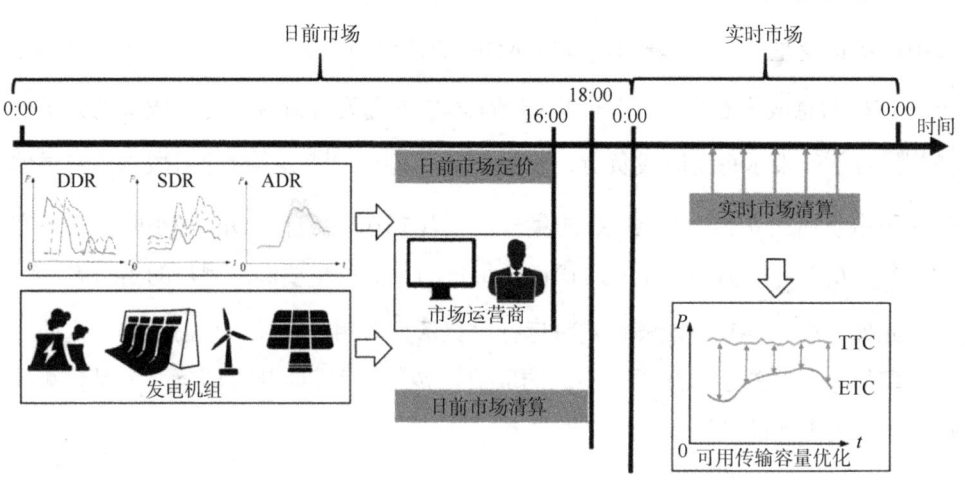

图 5.3 两阶段可用传输容量评估框架示意图

如果没有 FDR，白天的电力负荷会很高，使得火力发电机增加功率水平的余地很小。在夜间，由于风能和水能等可再生能源发电量高，但电力负荷低，必须关闭火力发电机以容纳可再生能源。因此，实时发电充足性可能不足。

然而，在 FDR 的情况下，电力负荷可以从白天转移到夜间。白天用电负荷降低，这使得热发电机的功率水平大大提高。此外，在夜间不需要关闭热发生器。因此，引入 FDR 后可以有效地提高发电充足率和可用传输容量。

（二）日前机组模型

在日前市场中，建立如下的机组组合模型来调度火电机组、FDR 和区域间电力交易：

$$\min_{X} \sum_{s \in \Phi^S} \sum_{t \in \Phi^T} \sum_{g \in \Phi^G} \gamma_s \left(c_g^G P_{g,s,t}^G + c_g^U Y_{g,t} + c_g^D Z_{g,t} \right) + \sum_{j \in \Phi^{\mathrm{FDR}}} C_j^{\mathrm{FDR}} - \sum_{t \in \Phi^T} \sum_{i \in \Phi^I} \lambda_{i,t}^I P_{i,t}^I \quad (5.13)$$

该模型满足：①火电机组功率约束；②火电机组的最小开机和关机时间约束；③可再生能源机组功率约束；④可再生能源消纳率约束；⑤负荷和功率平衡约束；⑥潮流方程和输电线路功率因数约束；⑦FDR 运行约束。

所提出的日前机组模型的目标是发电和需求侧资源的总成本最低。在目标函数中，$c_g^G P_{g,s,t}^G$ 代表第 g 个火电机组在第 s 个运行场景下第 t 个时间段内的运行成本，$c_g^U Y_{g,t}$ 和 $c_g^D Z_{g,t}$ 代表第 g 个火电机组在第 t 个时间段内的开机和关机成本。C_j^{FDR} 代表第 j 个 FDR 的成本。FDR 包括 DDR、SDR 和 ADR。$\lambda_{i,t}^I P_{i,t}^I$ 代表区域间电力交易的收益。日前机组模型中的决策变量用 X 表示，包括火电机组的发电功率 $P_{g,s,t}^G$、表示火电机组的运行状态的 0-1 整数变量 $U_{g,t}$、火电机组的开机或关机的 0-1 整数变量 $Y_{g,t}$ 和 $Z_{g,t}$、可再生能源机组的发电功率 $P_{r,s,t}^{R}$、区域内输电线路的传输功率 $P_{l,s,t}^{L}$、区域间输电线路的传输功率 $P_{i,t}^{I}$ 和 FDR 的决策变量 X^{FDR}。日前机组模型的可行域用 χ 表示，包括一系列运行约束，模型细节在后面进行阐述。

（三）实时可用传输容量优化模型

实时可用传输容量优化模型的目标是根据日前机组组合的中标结果，最大限度地提高指定互换输电线路的每日可用传输能力。模型公式如下：

$$\max_{X^{\text{RT}}} P^{\text{ATC}} = \sum_{t \in \Phi^{T}} \sum_{i \in \Phi^{I}} \left(P_{i,t}^{I\text{-RT}} - P_{i,t}^{I*} \right) \quad (5.14)$$

该模型满足：①火电机组实时功率约束；②可再生能源机组实时功率约束；③可再生能源消纳率约束；④实时负荷和功率平衡约束；⑤实时潮流计算方程和输电线路容量约束；⑥实时需求响应的运行约束。

在目标函数中，$P_{i,t}^{I\text{-RT}} - P_{i,t}^{I*}$ 表示第 i 条区域间输电线路在第 t 个时间段内的可用传输容量，其中 $P_{i,t}^{I\text{-RT}}$ 是实时传输功率，$P_{i,t}^{I*}$ 是日前机组组合中标结果决定的传输功率。实时可用传输容量优化模型的决策变量用 X^{RT} 表示，包括火电机组发电功率 $P_{g,t}^{G\text{-RT}}$、可再生能源机组发电功率 $P_{r,t}^{R\text{-RT}}$、区域内输电线路传输功率 $P_{l,t}^{L\text{-RT}}$、区域间输电线路传输功率 $P_{i,t}^{I\text{-RT}}$ 和实时的 FDR 的决策变量 $X^{\text{FDR-RT}}$。实时可用传输容量优化模型的可行域用 χ^{RT} 表示。模型细节在后面进行阐述。

四、模型约束

（一）日前机组模型的约束

日前机组模型的可行域 χ 满足如下的约束。

1. 火电机组功率约束

$$U_{g,t} P_{g,\min}^{G} \leqslant P_{g,s,t}^{G} \leqslant U_{g,t} P_{g,\max}^{G}, \forall s \in \Phi^{S}, t \in \Phi^{T}, g \in \Phi^{G} \quad (5.15)$$

$$Y_{g,t} + Z_{g,t} \leqslant 1, \forall t \in \Phi^{T}, g \in \Phi^{G} \quad (5.16)$$

$$Y_{g,t} - Z_{g,t} = U_{g,t} - U_{g,t-1}, \forall t \in \Phi^{T}, g \in \Phi^{G} \quad (5.17)$$

$$Y_{g,t}, Z_{g,t}, U_{g,t} \in \{0,1\}, \forall t \in \Phi^T, g \in \Phi^G \tag{5.18}$$

约束（5.15）表示第 g 个火电机组的运行功率在其最大功率和最小功率之间，其中 $P_{g,\min}^G$ 和 $P_{g,\max}^G$ 分别是最大和最小功率限制，0-1 整数变量 $U_{g,t}$ 代表第 g 个火电机组在第 t 个时段内是否处于开机状态。分别代表火电机组开机和关机的变量 $Y_{g,t}$ 和 $Z_{g,t}$ 由约束（5.16）～约束（5.18）进行设定。如果设定第 g 个火电机组在第 t 个时间段开机或关机，那么 $Y_{g,t}$ 或 $Z_{g,t}$ 被设定为 1（否则为 0）。约束（5.17）和约束（5.18）表明每个火电机组在同一时间段内只能处于一种状态（开机或关机）。

2. 火电机组的最小开机和关机时间约束

$$\sum_{tt=t}^{t+T_{g,\min}^U-1} U_{g,tt} \geq T_{g,\min}^U Y_{g,t}, \forall t \in \Phi^T, g \in \Phi^G \tag{5.19}$$

$$\sum_{tt=t}^{t+T_{g,\min}^D-1} (1-U_{g,tt}) \geq T_{g,\min}^D Z_{g,t}, \forall t \in \Phi^T, g \in \Phi^G \tag{5.20}$$

约束（5.19）和约束（5.20）设定第 g 个火电机组的最小开机时间或最小关机时间必须大于 $T_{g,\min}^U$ 或 $T_{g,\min}^D$。

3. 可再生能源机组功率约束

$$0 \leq P_{r,s,t}^R \leq P_{r,s,t,\max}^R, \forall s \in \Phi^S, t \in \Phi^T, r \in \Phi^R \tag{5.21}$$

约束（5.21）表示第 r 个可再生能源机组的功率约束，其中 $P_{r,s,t,\max}^R$ 是第 r 个可再生能源机组在第 s 个运行场景下第 t 个时间段内的预测最大功率，Φ^R 是可再生能源机组的集合。

4. 可再生能源消纳率约束

$$\frac{\sum_{s \in \Phi^S} \sum_{t \in \Phi^T} \sum_{r \in \Phi^R} \gamma_s P_{r,s,t}^R}{\sum_{s \in \Phi^S} \sum_{t \in \Phi^T} \sum_{r \in \Phi^R} \gamma_s P_{r,s,t,\max}^R} \geq R^A \tag{5.22}$$

约束（5.22）表明第 r 个可再生能源的每日发电消纳率的要求，其中 R^A 是政府或可再生能源发电公司要求的最低可再生能源消纳率。约束（5.22）不等式左侧的分子是不同运行场景下实际可再生能源消纳率的期望，分母是可再生能源在不同运行场景下最大发电量的期望。

5. 负荷和功率平衡约束

$$\sum_{g \in \Phi^G} P_{g,s,t}^G + \sum_{r \in \Phi^R} P_{r,s,t}^R - \sum_{i \in \Phi^I} P_{i,t}^I = \sum_{b \in \Phi^B} P_{b,s,t}^D + \sum_{j \in \Phi^{DDR}} P_{j,t}^{DDR} + \sum_{k \in \Phi^{SDR}} P_{k,t}^{SDR} + \sum_{n \in \Phi^{ADR}} P_{n,s,t}^{ADR}, \forall s \in \Phi^S, t \in \Phi^T \quad (5.23)$$

每个节点的负荷都要与该节点处火电机组发电功率、可再生能源机组发电功率以及与之相连的传输线路上的功率之和相等,即满足约束(5.23),其中 $P_{b,s,t}^D$ 是第 b 条母线在第 s 个运行场景下第 t 个时间段的固定负荷, Φ^B 是系统母线的集合。

6. 潮流方程和传输线路功率因数约束

$$P_{l,s,t}^L = \sum_{b \in \Phi^B} F_{l\text{-}b} \left(\sum_{g \in \Phi_b^G} P_{g,s,t}^G + \sum_{r \in \Phi_b^R} P_{r,s,t}^R - \sum_{i \in \Phi_b^I} P_{i,t}^I - P_{b,s,t}^D - \sum_{j \in \Phi_b^{DDR}} P_{j,t}^{DDR} - \sum_{k \in \Phi_b^{SDR}} P_{k,t}^{SDR} - \sum_{n \in \Phi_b^{ADR}} P_{n,s,t}^{ADR} \right), \forall s \in \Phi^S, t \in \Phi^T, l \in \Phi^L \quad (5.24)$$

$$-P_{l,\max}^L \leqslant P_{l,s,t}^L \leqslant P_{l,\max}^L, \forall s \in \Phi^S, t \in \Phi^T, l \in \Phi^L \quad (5.25)$$

$$P_{i,t,\min}^I \leqslant P_{i,t}^I \leqslant P_{i,t,\max}^I, \forall t \in \Phi^T, i \in \Phi^I \quad (5.26)$$

约束(5.24)为潮流方程,其中 $F_{l\text{-}b}$ 是母线 l 对母线 b 的潮流分布转移因子, Φ^l 是区域内传输线路的集合。区域内和区域间传输线路的功率因数由约束(5.25)和约束(5.26)进行限定,其中 $P_{l,\max}^L$ 是第 l 条区域内传输线路的最大传输容量, $P_{i,t,\min}^I$ 和 $P_{i,t,\max}^I$ 分别是第 i 条传输线路上的最小和最大传输容量。

7. FDR 运行约束

需求响应的运行约束已在式(5.1)~式(5.11)中说明。

(二)实时可用传输容量优化模型的约束

该框架的可行域 χ^{RT} 由以下约束描述,其中上标*的常数由日前机组模型优化确定。

$$U_{g,t}^* P_{g,\min}^G \leqslant P_{g,t}^{G\text{-}RT} \leqslant U_{g,t}^* P_{g,\max}^G, \forall t \in \Phi^T, g \in \Phi^G \quad (5.27)$$

$$0 \leqslant P_{r,t}^{R\text{-RT}} \leqslant P_{r,t,\max}^{R\text{-RT}}, \forall t \in \Phi^T, r \in \Phi^R \tag{5.28}$$

$$\frac{\sum_{t \in \Phi^T} \sum_{r \in \Phi^R} P_{r,t}^{R\text{-RT}}}{\sum_{t \in \Phi^T} \sum_{r \in \Phi^R} P_{r,t,\max}^{R\text{-RT}}} \geqslant R^A \tag{5.29}$$

$$\sum_{g \in \Phi^G} P_{g,t}^{G\text{-RT}} + \sum_{r \in \Phi^R} P_{r,t}^{R\text{-RT}} - \sum_{i \in \Phi^I} P_{i,t}^{I\text{-RT}} = \sum_{b \in \Phi^B} P_{b,t}^{D\text{-RT}} + \sum_{j \in \Phi^{\text{DDR}}} P_{j,t}^{\text{DDR}*} + \sum_{k \in \Phi^{\text{SDR}}} P_{k,t}^{\text{SDR}*} + \sum_{n \in \Phi^{\text{ADR}}} P_{n,t}^{\text{ADR-RT}}, \forall t \in \Phi^T \tag{5.30}$$

$$P_{l,t}^{L\text{-RT}} = \sum_{b \in \Phi^B} F_{l\text{-}b} \left(\sum_{g \in \Phi_b^G} P_{g,t}^{G\text{-RT}} + \sum_{r \in \Phi_b^R} P_{r,t}^{R\text{-RT}} - \sum_{i \in \Phi_b^I} P_{i,t}^{I\text{-RT}} - P_{b,t}^{D\text{-RT}} - \sum_{j \in \Phi_b^{\text{DDR}}} P_{j,t}^{\text{DDR}*} - \sum_{k \in \Phi_b^{\text{SDR}}} P_{k,t}^{\text{SDR}*} - \sum_{n \in \Phi_b^{\text{ADR}}} P_{n,t}^{\text{ADR-RT}} \right), \forall t \in \Phi^T, l \in \Phi^L \tag{5.31}$$

$$-P_{l,\max}^{L} \leqslant P_{l,t}^{L\text{-RT}} \leqslant P_{l,\max}^{L}, \forall t \in \Phi^T, l \in \Phi^L \tag{5.32}$$

$$P_{i,t,\min}^{I} \leqslant P_{i,t}^{I\text{-RT}} \leqslant P_{i,t,\max}^{I}, \forall t \in \Phi^T, i \in \Phi^I \tag{5.33}$$

$$L_{n,t,\min}^{\text{ADR}} \leqslant P_{n,t}^{\text{ADR-RT}} \leqslant L_{n,t,\max}^{\text{ADR}}, \forall t \in \Phi^T, n \in \Phi^{\text{ADR}} \tag{5.34}$$

$$\sum_{t \in \Phi^T} P_{n,t}^{\text{ADR-RT}} \geqslant E_n^{\text{ADR}}, \forall n \in \Phi^{\text{ADR}} \tag{5.35}$$

约束（5.27）是火电机组在实时运行场景下的条件，其中 $U_{g,t}^*$ 代表日前市场竞拍得到的第 g 个机组的开机或关机状态变量。约束（5.28）和约束（5.29）分别是实时的功率约束和可再生能源消纳率约束。约束（5.30）和约束（5.31）是实时的负荷平衡以及潮流计算方程。区域内和区域间输电线路的功率因数通过约束（5.32）和约束（5.33）实现。此外，约束（5.34）和约束（5.35）是 FDR 的实时运行需求。

第三节　四川实际数据分析

将四川的相关数据代入上述模型，可评价 FDR 约束对可用传输容量的提升能力。表 5.1 展示的是简化的四川电力分布数量和节点数，其中的数据仅包括装机量为 220 千伏及以上线路的火电厂和水电站的实际分布及容量，以及 500 千伏网架的所有线路及节点。将负荷按行政区划分到各市（成都市包括天府新区），省会城市成都的峰值负荷最高。将每个地级市内的装机及负荷合并为一个节点，形成简化的线路模型。简化后的电力传输网络共有 64 个节点和 83 条线路，并在模型中加入 150 个具有灵活响应能力的电力用户。5 条区域间传输线路分别连接四川与重庆、江苏、浙江、上海、山西。

表 5.1 四川电力分布

类型	数量	类型	数量
火电厂/座	15	负荷/个	21
水电站/座	144	线路/条	83
节点/个	64		

将以上数据代入模型中,得到计算结果,其中每日总的可用传输容量如图 5.4 所示,最大和最小的可用传输容量结果如表 5.2 所示。

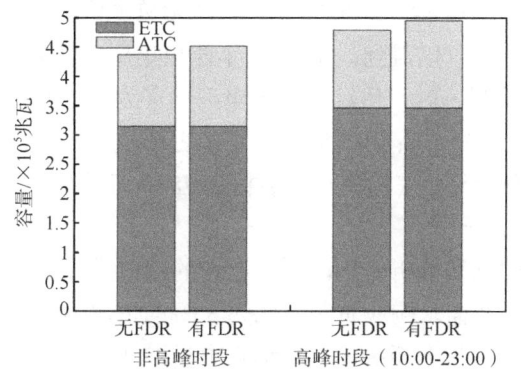

图 5.4 实际电力系统中有/无 FDR 时的每日可用传输容量结果
ETC 指线路已用传输容量

表 5.2 每日最大和最小可用传输容量 （单位：兆瓦）

类型	最大值	最小值
无 FDR	14 149（24：00）	0（15：00）
有 FDR	16 387（24：00）	1 677（15：00）

可以看到,当不使用 FDR 模型时,可用传输容量的最小值在 15：00 时达到 0,这表明能源的交换量已经达到系统可靠范围内的极限。但是,当使用 FDR 模型以后,每日的最小可用传输容量在 15：00 时被提高到 1677 兆瓦,显著提高了四川电网运行的安全性和可靠性。总的而言,在使用 FDR 模型以后,可用传输容量在用电低谷时提升了 11.9%,在用电高峰时提升了 12.4%。

图 5.5 比较了四川无 FDR 和有 FDR 时的日总负荷需求。可以观察到,在高峰时段,FDR 可有效减少 1269.9 兆瓦·时的负荷需求,占每日总负荷的 1.65%。此外,水电可容纳率由 87.9%提高到 88.8%,火电机组最大在线容量由 4300 兆瓦降低到 3800 兆瓦。

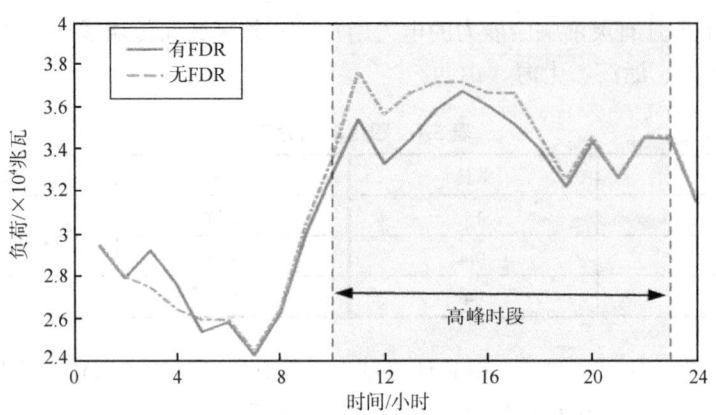

图 5.5　四川有/无 FDR 的日总负荷需求

从模型的模拟结果可以得到：①2018 年四川年用电量为 3200 亿千瓦·时，年弃水量为 600 亿千瓦·时，估算实际水电消纳率为 71.9%左右，算例按成本最低优化，水电消纳率为 71.2%；②按负荷高方案估算，2020 年四川最大负荷为 4840 万千瓦，成都勘测设计研究院预测水电装机为 7833 万千瓦，算例优化结果中，水电装机最低为 7814 万千瓦。

通过该模型的建立和分析研判，采取合理的调节措施，可以实现以下提升：①提高极限消纳率，在需求响应负荷占比为 35%的情况下，系统中含有需求响应可将极限消纳率由 77%提升至 80%，消纳水电量增加 0.536 亿千瓦·时/天；②降低成本，限定水电消纳率不低于 75%，系统中含有需求响应可将成本由 1597 万元降低至 1187 万元，下降 25.7%；③增加外送量，限定水电消纳率不低于 75%，外送通道总容量为 2850 万千瓦，需求响应可增加约 0.185 亿千瓦·时/天的外送量，约占总量的 2.7%。

第六章　考虑需求侧储能的可再生能源消纳研究分析

第一节　需求侧储能研究背景

在《巴黎协定》中，各国承诺将全球变暖的程度控制在 2℃以下，同时努力将其限制在 1.5℃以下。全球能源体系正面临着低碳转型的挑战。对于 1.5℃的目标，剩余碳预算是 420~580 吉吨 CO_2；对于 2℃的目标，剩余碳预算是 1170~1500 吉吨 CO_2。然而，根据现有的化石燃料能源基础设施，如果按照过去的方式运行，将累计排放约 658 吉吨 CO_2，这已经超过了 1.5℃的碳预算。其中超过一半的排放（358 吉吨 CO_2）来自电力行业，表明电力行业脱碳的重要性。因为电力行业在技术和经济上比其他行业更容易脱碳，所以全经济低碳转型的研究一致认为电力行业是减少 CO_2 排放的关键。近来大量的研究探索了电力行业的深度脱碳途径，将 CO_2 排放量在当前程度上降低了 80%~100%。相关研究已达成一致的结论，即实现深度脱碳依赖于可再生能源的高普及率，尤其电力供应甚至 100%由可再生能源来满足。

基于减少 CO_2 排放的环境背景，发展可再生能源已成为许多国家的当务之急。可再生能源预计将成为增长最快的能量来源。预计到 2040 年，可再生能源将占全球能源供应增长的一半，成为最大的电力来源。可再生能源的输出高度依赖天气状况，这意味着它是可变的且不可调度。研究人员已广泛应用随机规划来表示可再生能源的不确定性，如通过随机规划模型来考虑风速随机性和系统可靠性，以最大限度地减少海上风电场发电系统的投资和运营成本；通过将风力发电和电力需求的历史数据进行聚类，建立考虑了风力发电量短期不确定性的随机优化模型。此外，利用蒙特卡罗模拟方法也可以将风电输出的不确定性纳入竞争性电力市场的规划中。

可再生能源的波动需要得到平衡，以保证供电的可靠性。对于每 10%的风电穿透功率，为了保持电力系统的稳定性，需要从其他发电来源获得相当于风力发电容量 2%~4%的平衡电力。通常，可再生能源的变异性通过火力发电单元（燃煤和天然气电厂）的灵活性运行操作得到补偿。然而，火电厂频繁的灵活性运行操作将带来额外的运行成本,并且将导致效率降低。因此,在提高可再生能源比重的同时,对电力系统的灵活性也提出了更高的要求。目前实施了一系列措施来增加电力系统的灵活性,包括需求侧管理、电网辅助服务、储能、电力-天然气和车辆-电网。在这些措施中,储能技术由于其技术成熟和成本较低的优势,作为具有前景的提供灵活性的手段,近年来受到越来越多的关注。通过将剩余的可再生能源电力输出储存起来,并在需要时释放,储能有望成为消纳可变可再生能源问题的"最终解决方案"。因此,将储能纳入发电扩展规划已引起研究人员的极大关注。

比利时鲁汶大学研究人员将通用的储能模型引入了发电扩展规划模型中,考虑运行约束和电力系统平衡来确定对储能的需求,以提供灵活性。结果表明,储能可以降低对发电容量的要求,降低发电成本。德国亚琛工业大学提出了一种考虑欧洲电力系统可再生能源、储能和需求侧管理的发电和输电扩展规划模型,结论是储能的投资成本和灵活性的需求水平只会影响由此产生的发电组合或输电扩展,而不需要任何技术和经济上的改变。类似地,美国德州农工大学提出了一种方法来确定具有高份额风电的电力系统中储能的最佳规模和位置,建立了场景树模型来表示不确定的风电输出,同时采用弯曲器分解算法来加快计算速度;推导了储能资本投资与电力系统日运行成本之间的成本边界,为在预算基础上规划储能系统提供参考。印度研究人员利用发电扩展规划模型研究了将具有储能设施的光伏发电厂引入电力系统的影响。结果表明,储能可以增加光伏发电的容量,并提高电力系统的可靠性,然而也会增加系统的总成本。

储能由于具有灵活的运行特性,有望减少对峰值负荷发电量的需求。丹麦技术大学将大型储能系统纳入了多阶段发电扩展规划模型中,同时将总系统成本和污染降至最低。结果表明,在储能系统支持峰值负荷的情况下,需要降低发电装置的装机容量。此外,在安装储能系统后,各类排放量均显著减少。美国阿贡国家实验室提出了一种具有详细机组承诺约束的发电扩展规划模型,以评估电力行业脱碳过程中储能的潜在价值。研究结果表明,储能有助于提高可再生能源的利用效率,降低调峰发电机组的投资成本。然而,为了使储能技术在大规模部署中具有竞争力,还需要进一步降低成本。美国巴尔的摩大学提出了一种两阶段随机混合整数线性规划模型来同时优化发电、输电和储能系统的扩展规划,研究表明对这三种资产的协同优化可以显著降低成本。降低成本中的大部分是由发电和传输容量的投资延迟造成的,而不是运行成本的降低。比利时鲁汶大学将短期操作时间上的详细表现纳入长期规划模型中,以研究储能在电力系统中不同可再生能源渗透率下的作用。结果表明,储能可以部分替代柔性变电站集成可再生能源,使柔性变电站的性能更好,总体上也降低了系统总成本。

上述研究主要集中在利用储能来提供供给侧的灵活性。如果储能系统位于发电点，其运行将与单独的设施相关联，潜在的效用将受到严重限制。此外，在供电侧的储能不会改变电力负荷的分布。为了平衡用户的峰值负荷，同时在剩余时间内保持闲置，仍然需要高容量的配电网络和设施。管理电力负荷曲线的一种方法是需求响应，即用户可以在一天中的不同时间段内转移其电力需求。然而，用电模式应在有限的范围内变化，否则可能会给用户带来不便。在未来的电力系统中，用户参与的意愿和潜在的需求响应程度也是不确定的。使用需求侧储能系统提供灵活性可能是满足电网需求和用户需求的具有前途的措施。在不改变用户使用模式的情况下，可以减少峰值负荷。用户可以使用储能系统来降低电费，也可以利用峰谷时段的电价差进行能源套利。此外，需求侧储能所能提供的灵活性程度高于需求响应。

我国东北电力大学设计了一种需求侧储能系统，分析了其对供给侧和需求侧的影响。仿真结果表明，在需求侧储能的情况下，在供给侧实现无功补偿的同时，用户的电能质量得到了改善。新加坡资讯通信研究院开发了一种针对需求侧储能系统的调度模型，并捕获了动态和运行约束。采用滚动优化法对储能系统进行调度优化和经济性评估。他们发现，使用一个客户站点的储能系统来支持其中的一两个服务，根据当前成本可能无法产生正收益。意大利巴勒莫大学提出了一种基于分时电价的需求侧储能收费策略，旨在最大限度地提高储能用户的利润。应用启发式方法，在不考虑用户负荷的情况下，确定储能系统的最优调度。韩国韩瑞大学考虑到峰值负荷限制以及需求和价格的不确定性，提出了一种需求侧储能系统的随机运行算法。结果表明，不确定性可以通过边际性能下降得到有效管理。我国合肥工业大学提出了一种优化模型来评估使用储能系统作为需求管理资源对电力系统可靠性的影响。结果表明，需求侧储能系统可以通过减小峰谷负荷差来有效地提高电力系统的可靠性。为了实现工业用户在储能全生命周期中的收益最大化，我国东南大学在成本效益分析的基础上提出了基于用户的储能配置模型。该方法可用于选择最优的储能技术类型和最优的储能应用场景。

现有研究中有关需求侧储能系统的主要关注点是确定最佳的充放电行为，以实现利润最大化。然而，拥有储能设备的终端用户更专注于最小化自己的电力供应成本或最大化自己的能源套利利润。用户调度储能系统的目的是使系统的总成本最低，可能与电网的需求不完全一致。这种不一致性限制了需求侧储能对集成可再生能源和降低总社会成本的潜在影响。必须从全社会的角度考虑需求侧储能系统的扩展和运营策略，从而设计出合适的市场机制，保证终端用户利润最大化与系统总成本最小化的一致性。针对这一问题，本章提出了一种集成发电和需求侧系统扩展规划模型。

储能系统的扩展和运行以降低总发电成本为目标。将该模型应用于四川的实例研究中，评价需求侧储能设施的安装对可再生能源集成到电力系统的影响，进行成本效益分析,讨论需求侧储能的经济可行性;在分析讨论的基础上,为政策制定者提出有关开发需求侧储能的政策建议。

第二节 发电机组和需求侧储能联合规划模型

一、基本架构

本章提出的模型旨在联合优化电力系统的容量规划和运行调度,最终得出发电机组的最优建设类型、建设规模、建设时间、建设地点和运行策略。模型框架如图 6.1 所示,包含模型输入、约束条件、目标函数和模型输出。

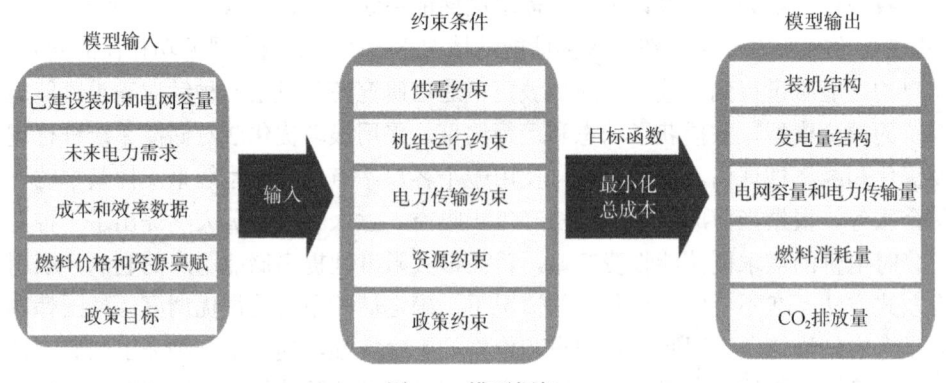

图 6.1 模型框架

模型需要预先给定外生的输入参数,包括当前已经建设完成的各类型电源和电网容量数据、考察期内未来的电力需求预测、发电机组的成本和效率数据、各区域的燃料价格和可再生能源资源禀赋,以及国家对于电力行业发展的政策目标。

模型中考虑的约束条件主要包括四方面:①供需约束,即要保证考察期内满足时空尺度上的电力供需平衡;②技术约束,主要指机组运行约束和电力传输约束;③资源约束,包括燃料的供应、可再生能源的资源可开发量、机组的年建设能力;④政策约束,包括国家对于非化石能源的发展以及 CO_2 减排所设定的政策目标。

模型的目标函数是最小化考察期内的电力生产总成本,输出结果包括各区域的装机结构和发电量结构、区域间的电网容量和电力传输量、各区域的燃料消耗量以及 CO_2 排放量。

该模型涵盖了 5 种典型的发电技术,包括燃煤发电(pulverized coal, PC)、天然气联合循环发电(natural gas combined cycle, NGCC)、水电(hydro, HD)、风电(wind, WD)和光伏发电(photovoltaic, PV)。根据实际电力系统特性,

模型中还考虑了负荷分配过程中发电技术的运行特点和约束条件,如可再生能源的出力特性、火电机组的负荷运行区间和爬坡速度等。为了反映电力需求和可再生能源资源的季节与逐时变化特性,模型中将每年划分为四个季节(春季、夏季、秋季、冬季),在每个季节中选取一个典型日,总共得到96个时间窗口,以刻画小时级的电力平衡。

二、数学描述

该模型用4种下标(t、g、f和s)来表示参数和变量的不同维度,分别对应年份、发电技术、燃料种类和时间窗口。大写字符用来表示参数,小写字符用来表示变量。

(一)目标函数

该模型的目标函数是最小化考察期内的总系统成本,包括固定投资成本 tinv_t、运维成本 tom_t、燃料成本 tfc_t、机组启停成本 tss_t 和电力传输成本 tptrc_t,如式(6.1)所示。这五种成本的具体算法可参见式(6.2)~式(6.6)。固定投资成本 tinv_t 等于单位容量固定投资 $\text{CAP}_{t,g}$ 乘以新建机组容量 $\text{nb}_{t,g}$ 并且按固定的贴现率 I 和预期寿命 TLT_g 分摊到每一年,如式(6.2)所示。运维成本 tom_t 等于机组单位容量运维成本 $\mu_{t,g}$ 乘以总装机容量 $\text{ic}_{t,g}$,如式(6.3)所示。燃料成本 tfc_t 由燃料消耗量 $\text{fd}_{f,t,g,s}$ 和燃料价格 $\text{FP}_{f,t}$ 相乘所得,如式(6.4)所示。机组启停成本 tss_t 是单位容量启停成本 SSC_g 和启停容量 $\text{su}_{t,g,s}$、$\text{sd}_{t,g,s}$ 的乘积,如式(6.5)所示。电力传输成本 tptrc_t 由电力输入量 $\text{ideaptrin}_{t,s}$、电力输出量 $\text{ideaptrout}_{t,s}$ 和单位电量传输成本 TRCOST 相乘所得,如式(6.6)所示。

$$\text{atc} = \sum_{t=2018}^{2050} \frac{\text{tinv}_t + \text{tom}_t + \text{tfc}_t + \text{tss}_t + \text{tptrc}_t}{(1+I)^{t-2018}} \tag{6.1}$$

$$\text{tinv}_t = \sum_g \sum_{t'=t-\text{TLT}_g+1}^{t} \left(\text{CAP}_{t',g} \cdot \text{nb}_{t',g} \cdot \frac{I \cdot (1+I)^{-1}}{1-(1+I)^{-\text{TLT}_g}} \right) \tag{6.2}$$

$$\text{tom}_t = \sum_g \mu_{t,g} \cdot \text{ic}_{t,g} \tag{6.3}$$

$$\text{tfc}_t = \sum_f \text{FP}_{f,t} \cdot \sum_{g,s} \text{fd}_{f,t,g,s} \tag{6.4}$$

$$\text{tss}_t = \sum_g \sum_s \text{SSC}_g \cdot (\text{su}_{t,g,s} + \text{sd}_{t,g,s}) \tag{6.5}$$

$$\text{tptrc}_t = \sum_s (\text{ideaptrin}_{t,s} + \text{ideaptrout}_{t,s}) \cdot \text{TRCOST} \tag{6.6}$$

（二）运行约束

每个时间窗口的电力需求 $\text{PD}_{t,s}$ 等于各类机组发电量 $\text{pg}_{t,g,s}$ 与电力净输入量 $\text{ptr}_{t,s}$ 之和，如式（6.7）所示。

$$\text{PD}_{t,s} = \sum_g \text{pg}_{t,g,s} + \text{ptr}_{t,s} \tag{6.7}$$

各类发电机组的发电量被设置为自由变量，等于装机容量 $\text{ic}_{t,g}$ 和容量系数的乘积。对于可再生能源，容量系数主要取决于资源可用性，如风速、太阳辐射强度和来水量。核电机组一般在电力系统中充当基荷，模型中假设其运行在特定工况区间。因此，对于这两类机组，可以使用最大容量系数 $\text{MAXOH}_{t,g,s}$ 和最小容量系数 $\text{MINOH}_{t,g,s}$ 来约束每个时间窗口的发电量，如式（6.8）所示。对于火电机组，运行约束就更为复杂，需要考虑诸多运行特性。式（6.9）表示每个时间窗口下火电机组的启动容量 $\text{st}_{t,g,s}$ 和停机容量 $\text{sd}_{t,g,s}$。为了刻画供电煤耗 $\text{FCR}_{f,g}$ 随机组运行工况而变化的非线性关系，式（6.10）~式（6.12）中采用分段线性化的方法来近似处理，在刻画上述变量相关性的同时保留了数学问题的线性化，从而降低了模型整体的计算难度。

$$\text{MINOH}_{t,g,s} \cdot \text{ic}_{t,g} \leq \text{pg}_{t,g,s} \leq \text{MAXOH}_{t,g,s} \cdot \text{ic}_{t,g}, g \in (\text{HD}, \text{WD}, \text{PV}) \tag{6.8}$$

$$\text{oc}_{t,g,s+1} = \text{oc}_{t,g,s} + \text{st}_{t,g,s} - \text{sd}_{t,g,s}, g \in (\text{PC}, \text{NGCC}) \tag{6.9}$$

$$\text{MINOH}_{t,g,s}^i \cdot \text{oc}_{t,g} - M(1-x_i) \leq \text{pg}_{t,g,s} \leq \text{MAXOH}_{t,g,s}^i \cdot \text{oc}_{t,g} + M(1-x_i),$$
$$g \in (\text{PC}, \text{NGCC}) \tag{6.10}$$

$$\text{pg}_{t,g,s} \cdot \text{FCR}_{f,g}^i - M(1-x_i) \leq \text{fd}_{f,t,g,s} \leq \text{pg}_{t,g,s} \cdot \text{FCR}_{f,g}^i + M(1-x_i),$$
$$g \in (\text{PC}, \text{NGCC}) \tag{6.11}$$

$$\sum_i x_i = 1 \tag{6.12}$$

各区域的电力净输入 $\text{ptr}_{t,s}$ 等于总输入电量 $\text{ideaptrin}_{t,s}$ 减去总输出电量 $\text{ideaptrout}_{t,s}$，如式（6.13）所示，电力跨区域传输过程中的线损 TRLOSS 也被考

虑在内。各区域间的电力传输量 ideaptr$_{t,s}$ 被定义为待优化的自由变量，但不能超过传输线路容量 TRLIMIT$_t$ 的限制，如式（6.14）所示。

$$\text{ptr}_{t,s} = \text{ideaptrin}_{t,s} \cdot (1 - \text{TRLOSS}) - \text{ideaptrout}_{t,s} \quad (6.13)$$

$$\text{ideaptr}_{t,s} \leqslant \text{TRLIMIT}_t \quad (6.14)$$

（三）储能约束

本书假设用户通过需求侧储能系统来参与需求响应，无须改变用户的用电习惯。因此，最终电网实际所需供应的负荷 load$_{t,s}$ 就等于用户的电力需求 PD$_{t,s}$ 加上需求侧储能系统的充电量 charge$_{t,s}$，再减去需求侧储能系统的放电量 discharge$_{t,s}$，如式（6.15）所示。式（6.16）表示需求侧储能最多可以提供的负荷变化幅度 γ。

$$\text{load}_{t,s} = \text{PD}_{t,s} + \text{charge}_{t,s} - \text{discharge}_{t,s} \quad (6.15)$$

$$\text{PD}_{t,s}(1-\gamma) \leqslant \text{load}_{t,s} \leqslant \text{PD}_{t,s}(1+\gamma) \quad (6.16)$$

式（6.17）表明，储能系统中当前时刻所储存的电量 storage$_{t,s+1}$ 等于上一时刻的电量 storage$_{t,s}$ 加上在此期间储存的电量 charge$_{t,s+1}$ 或减去在此期间释放的电量 discharge$_{t,s+1}$。在充放电的过程中，也要考虑转换效率和损失 η_{charge}、$\eta_{\text{discharge}}$。此外，储能系统所储存的电量受到储能容量 ices$_t$ 的约束，在充放电时也不能超过其最大充放电功率 CHG、DCHG，如式（6.18）~式（6.20）所示。式（6.21）~式（6.23）通过引入 0-1 变量 $y_{1t,s}$ 和 $y_{2t,s}$ 来分别表示充电状态和放电状态，即在同一时刻，储能系统只能在两种状态中选择一种状态运行，从而符合物理实际。

$$\text{storage}_{t,s+1} = \text{storage}_{t,s} + \text{charge}_{t,s+1} \cdot \eta_{\text{charge}} - \text{discharge}_{t,s+1} / \eta_{\text{discharge}} \quad (6.17)$$

$$\text{ices}_t \cdot \text{SL}_{\min} \leqslant \text{storage}_{t,s} \leqslant \text{ices}_t \cdot \text{SL}_{\max} \quad (6.18)$$

$$\text{charge}_{t,s} \leqslant \text{ices}_t \cdot \text{CHG} \quad (6.19)$$

$$\text{discharge}_{t,s} \leqslant \text{ices}_t \cdot \text{DCHG} \quad (6.20)$$

$$\text{charge}_{t,s} \leqslant y_{1t,s} \cdot M \quad (6.21)$$

$$\text{discharge}_{t,s} \leqslant y_{2t,s} \cdot M \quad (6.22)$$

$$y_{1t,s} + y_{2t,s} = 1, y_{1t,s}, y_{2t,s} \in \{0,1\} \tag{6.23}$$

用户安装需求侧储能系统的成本 esc_t 的计算如式（6.24）所示，将初始固定投资按使用寿命分摊至每一年。用户通过需求侧储能系统所获得的收益 esr_t 由充放电时对应的电价 EP_s 乘以电量计算所得，如式（6.25）所示。

$$esc_t = \sum_{t'=t-\mathrm{TLT}_{es}+1}^{t} \left(\mathrm{CAP}_{t',es} \cdot \mathrm{nbes}_{t'} \cdot \frac{I \cdot (1+I)^{-1}}{1-(1+I)^{-\mathrm{TLT}_{es}}} \right) \tag{6.24}$$

$$esr_t = \sum_s \mathrm{discharge}_{t,s} \cdot EP_s - \sum_s \mathrm{charge}_{t,s} \cdot EP_s \tag{6.25}$$

（四）投资约束

由于燃煤发电机组具有很高的碳排放强度，该模型将其设置为可以在预期寿命到达前退役。因此其装机容量 $ic_{t,g}$ 等于历史上建设的装机容量 $nb_{t,g}$ 之和减去提前退役的容量 $er_{t,g}^{t'}$，如式（6.26）所示。对于煤电机组，每一年的投资选择如式（6.27）和式（6.28）所示，当年新建的容量 $nb_{t,g}$ 和现存的容量 $rm_{t,g}^{t'}$ 可以选择提前退役或者第二年继续运行。其他类型的发电技术被设置为按寿命到期退役，装机容量等于历史建设装机之和，如式（6.29）所示。

$$ic_{t,g} = \sum_{t'=t-\mathrm{TLT}_g+1}^{t} nb_{t',g} - \sum_{t'=t-\mathrm{TLT}_g+1}^{t} \sum_{t''=t'+1}^{t} er_{t',g}^{t''}, g \in (\mathrm{PC}) \tag{6.26}$$

$$nb_{t,g} = er_{t,g}^{t+1} + rm_{t,g}^{t+1}, g \in (\mathrm{PC}) \tag{6.27}$$

$$rm_{t,g}^{t'} = er_{t,g}^{t'+1} + rm_{t,g}^{t'+1}, t' < t + \mathrm{TLT}_g, g \in (\mathrm{PC}) \tag{6.28}$$

$$ic_{t,g} = \sum_{t'=t-\mathrm{TLT}_g+1}^{t} nb_{t',g}, g \in (\mathrm{NGCC,HD,WD,PV}) \tag{6.29}$$

可再生能源装机容量 $ic_{r,t,g}$ 受到当地最大可开发容量 $IC_{r,g}^{ub}$ 的限制，如式（6.30）所示。发电机组的燃料消耗 $tfd_{f,t}$（煤炭、天然气）受到燃料可用量 FSC_f^{ub} 的限制，如式（6.31）所示。另外，由于建设能力的限制，模型中也设定了各类型机组每年新增的装机容量上限 NB_g^{ub}，如式（6.32）所示。此外，模型对于可再生能源消纳占比设定了下限,具体目标要求取决于政府政策,如式(6.33)所示。

$$\mathrm{ic}_{r,t,g} \leqslant \mathrm{IC}_{r,g}^{\mathrm{ub}} \tag{6.30}$$

$$\mathrm{tfd}_{f,t} \leqslant \mathrm{FSC}_{f}^{\mathrm{ub}} \tag{6.31}$$

$$\mathrm{nb}_{r,t,g} \leqslant \mathrm{NB}_{g}^{\mathrm{ub}} \tag{6.32}$$

$$\sum_{s,g \in \mathrm{PV,WD}} \left(\mathrm{pg}_{t,g}^{s} - \mathrm{idealptrgin}_{t,g}^{s} + \mathrm{idealptrgout}_{t,g}^{s} \cdot (1-\mathrm{TRLOSS}) \right) \geqslant \mathrm{PD}_{t} \cdot \mathrm{UL}_{r} \tag{6.33}$$

第三节 四川案例分析

数学模型在 GAMS 中进行编码,该系统是用于数学规划和优化的高级建模系统。GAMS 建模语言允许建模者快速地将现实世界的优化问题转化为计算机代码。然后,语言编译器将此代码转换为求解器可以理解和解决的格式。GAMS 允许在不改变模型公式的情况下改变求解器,从而提供了极大的灵活性。本节将第六章第二节提出的模型应用于四川的发电扩建规划案例研究中,介绍案例和情景设置的输入参数。

一、输入参数

(一)现有装机容量

四川拥有丰富的水电资源,因此水电在其电力系统中起着主导作用。发电机组的现有装机容量(类型、规模和使用年限)参考《中国电力年鉴》。基准年2017年的装机容量组成如下:燃煤电厂(15.38 吉瓦),天然气电厂(1.24 吉瓦),水电厂(77.14 吉瓦),风电厂(2.1 吉瓦),光伏发电厂(1.35 吉瓦)。

(二)未来电力需求

《四川省电力发展"十三五"规划》中预测未来年度的电力需求如表6.1所示。2040年以后,中国的经济增长率预计将放缓,但能源效率仍在提高,因此预计总电力需求将略有下降。模型中使用的典型日电力需求曲线是基于当地电网公司获得的历史数据。以夏季某日的电力需求曲线为例,如图6.2所示。

表6.1 未来年度电力需求预测

年份	电力需求/(亿千瓦·时)	年份	电力需求/(亿千瓦·时)
2020	2885	2040	5259
2030	4708	2050	5106

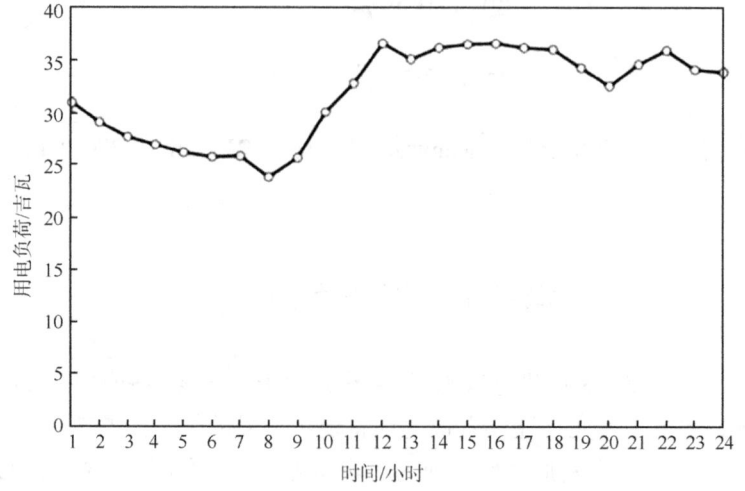

图6.2 四川夏季某日电力需求曲线

（三）发电技术和储能设施的技术经济参数

目前各类发电机组的单位资本成本、年下降率、运维成本占资本成本的百分比和预期寿命参考中国电力行业的年度发展报告，具体数据如表6.2所示。火电厂的启动和停机成本是根据电力辅助服务市场的补偿费用确定的，火电厂燃料消耗率参考《中国电力年鉴》（表6.3）。火电厂燃料消耗率变化的分段线性化数据见表6.4。煤炭和天然气价格根据国家发展改革委与行业公共信息确定，见表6.5。因为燃料价格受到中国政府的严格控制，所以燃料价格被认为是不变的。在本案例研究中，由于锂离子电池是需求侧最受欢迎的储能技术，并占据了中国市场的大部分份额，所以假定锂离子电池被消费者用作储能设施。锂离子电池的技术经济参数包括投资成本、运维成本、循环效率、预期寿命等，如表6.6所示。

表6.2 发电机组的成本和预期寿命

工艺	2017年单位资本成本/(美元/千瓦)	年下降率/%	运维成本占资本成本的百分比/%	预期寿命/年
PC	517	0.2	1.8	30
NGCC	389	1.0	3.7	30

续表

工艺	2017年单位资本成本/（美元/千瓦）	年下降率/%	运维成本占资本成本的百分比/%	预期寿命/年
HD	1623	−0.1	0.9	70
WD	1103	3.0	2.9	25
PV	1037	5.0	1.0	25

表6.3 燃料消耗率

工艺	燃料类型	2017年	2020年	2030年	2040年	2050年
PC	煤/[克/（千瓦·时）]	309	306	297	290	285
NGCC	天然气/[米³/（千瓦·时）]	0.17	0.168	0.163	0.159	0.154

表6.4 燃料消耗率随火电厂负荷系数变化而变化的分段线性化数据

载荷系数范围 i	下限/%	上限/%	燃料消耗率增加 FCR^i/FCR
1	50	60	1.0375
2	60	70	1.025
3	70	80	1.017
4	80	90	1.0095
5	90	100	1.0025

表6.5 燃料价格

燃料类型	价格
煤炭	103 美元/吨
天然气	0.29 美元/米³

表6.6 锂离子电池技术经济参数

参数	值
2015年投资成本/[美元/（千瓦·时）]	802
年下降率/%	5.5
运维成本/[美元/（千瓦·时）]	0.003
循环效率/%	86
预期寿命/年	10
相对于2015年预测2050年的投资成本/%	14

（四）可再生能源资源禀赋和容量因素

可再生能源最大可开发容量参考《可再生能源数据手册》（表6.7）。风能和太阳能的每小时输出功率参考前人基于天气与能源数据的模拟结果。气象数据来自美国国家航空航天局现代回顾性研究与应用分析和地表太阳辐射数据集。利用全球太阳能估算模型将太阳辐照度数据转换为功率输出。利用虚拟风电场模型将风速转换为功率输出。

表 6.7 可再生能源的最大可开发容量

类型	容量/吉瓦
水能	143.52
风能	51.97
光伏	135.27

（五）电力传输限制、损失和成本

区域电网之间互联的利用是提高电力系统灵活性的有效方法。提高输电能力和互联互通有助于将电力输送到另一个地区，并避免在系统中具有大量可再生发电潜力的地方因剩余而削减可再生能源。但建造这种输电网络的成本很高，必须根据所有连接电网系统的总经济效益来衡量。

电力传输受到输电线路输送容量的限制。四川的所有输电线路如表 6.8 所示。在本案例研究中，仅考虑一个地区（四川），并将所有输电线路设置为固定参数。四川水电资源丰富，是我国电力输出大省。这些输电线路是为了将四川的剩余水电输送到东部沿海地区。来自四川的电力传输由国家电网公司调节，通常作为这些电力输入地区的基本负荷。因此，每小时电力传输曲线参考历史数据，并作为固定参数输入模型。输电损失和成本根据国家发展改革委的核查得出。

表 6.8 四川的输电线路

编号	线路	种类	电压/千伏	长度/千米	容量/兆瓦
1	四川—重庆	交流电	500	328	6 000
2	四川—陕西	直流电	±500	534	3 000
3	四川—上海	直流电	±800	1 907	6 400
4	四川—江苏	直流电	±800	2 059	7 200
5	四川—浙江	直流电	±800	1 653	8 000
6	四川—江西	直流电	±800	1 702	10 000

（六）政策目标

为了提高电力部门的脱碳能力，政府制定了到 2030 年可再生能源最低装机容量目标，如表 6.9 所示。

表 6.9 可再生能源发展的政策目标　　　　　　　　　　（单位：吉瓦）

年份	水电	风电	光伏发电
2020	83.01	6	2.5
2030	107	15	6

二、情景设定

在此案例研究中设置了两个情景。第一种情景称为基准情景。在基准情景中，电力负荷曲线作为需要满足的固定参数输入。基准情景是根据现有政策、技术和市场机制，以获得成本最低的发电发展路径。第二种情景称为储能情景。在储能情景中，电力负荷曲线被设为变量，可由需求侧储能设施进行调整，储能设施提供的最大灵活性被设置为20%。将储能情景与基准情景进行比较，以评估需求侧储能对发电发展的影响。

第四节　储能情景与基准情景

一、成本效益分析

需求侧储能的优势之一是可以提高可变可再生能源（风能和太阳能）的利用率，并减少对燃煤电厂的需求。可变可再生能源在电力系统中所占份额的不断增加要求电力系统具有更大的灵活性。以四川为例，大多数水电站是径流式水电站，通常没有水库调节能力。因此，它们的灵活性较低，通常用作基本负荷。火电厂方面，天然气发电的灵活性高于燃煤发电。但是，中国的天然气价格非常高，天然气发电1千瓦·时的燃料成本超过了燃煤发电。因此，中国高度依赖燃煤电厂来提供灵活性。在基准情景中，火电厂具有较为频繁的增加过程以及启动和停机操作，从而为电力系统提供了灵活性。频繁的增加过程意味着燃煤电厂经常在非设计条件下运行，导致效率降低和排放增加。频繁的启动和停机操作会产生额外的成本，并对火电厂的寿命产生负面影响。在储能情景中，需求侧储能可以从需求侧为电力系统提供灵活性，并且可以降低对燃煤电厂灵活性运营的要求。图6.3展示了两种情景下2050年冬季某日的负荷分配曲线。需注意的是，在基准情景中燃煤电厂被视为灵活性运行。在阳光强烈的中午，燃煤电厂必须在低负荷下运行以吸收光伏发电输出。在19：00～20：00，当电力负荷高、光伏发电量接近零时，燃煤电厂必须增加高负荷以适应调峰。在储能情景中，储能设备在低负荷时段（0：00～8：00）和中午时段（阳光充足）储存电能；在高负荷时段（19：00～20：00）将储存的电能释放到电网中。此后，燃煤电厂可以始终在稳定负荷下运行。由于电力负荷是根据可再生能源发电量来调节的，可以将更多可变可再生能源集成到电力系统中，同时减少燃煤电厂对调峰的需求。两种情景之间的装机容量比较如图6.4所示。在储能情景中，到2050年，与基准情景相比，风电厂和光伏发电厂的装机容量分别增加了50吉瓦和40吉瓦，而燃煤电厂的装机容量则减少了150吉瓦。

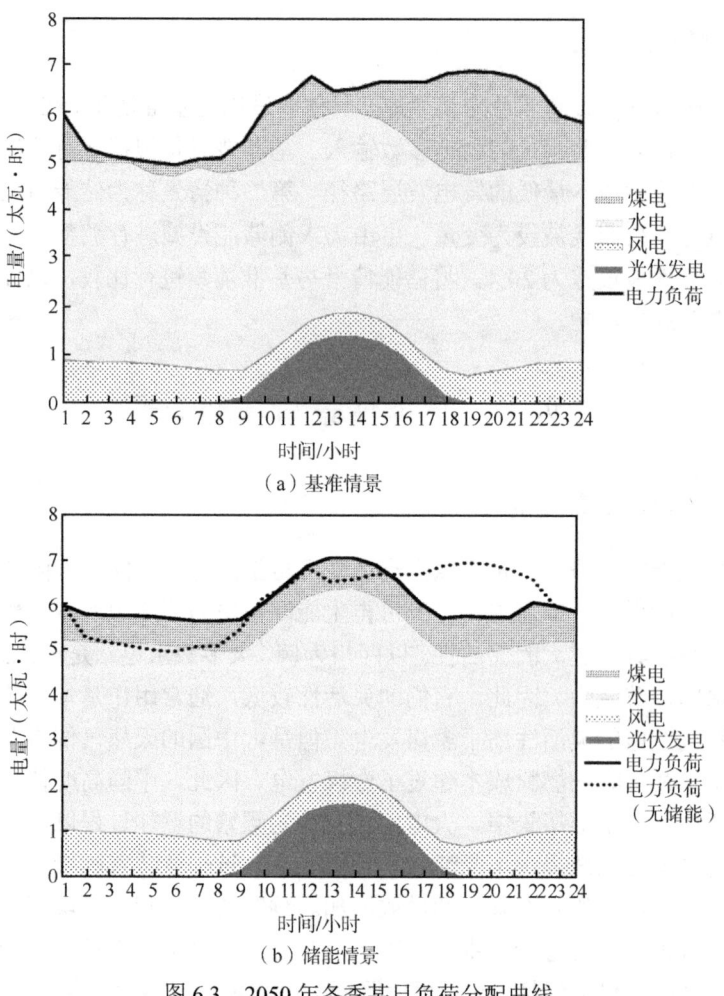

图6.3 2050年冬季某日负荷分配曲线

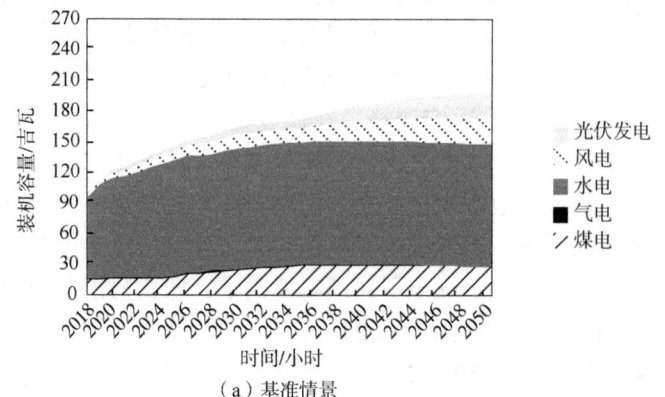

(a)基准情景

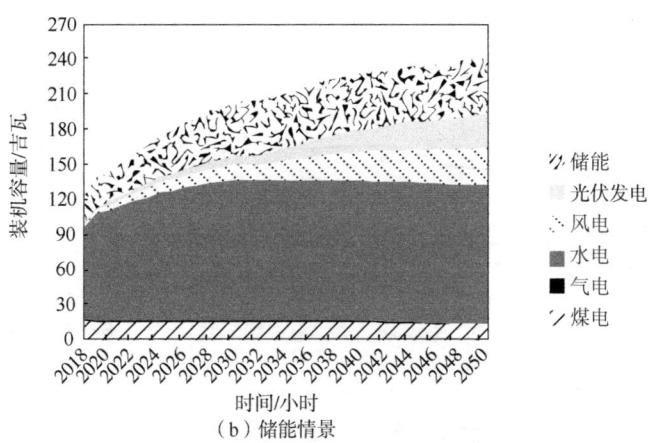

(b) 储能情景

图 6.4 两种情景下的装机容量

需求侧储能优势之二是可以缓解弃水的问题。这里的弃水是指可以用来发电却被废弃的水电。实际上，在中国西南地区，大量的水电被削减。西南地区水力资源丰富，水力发电厂容量大，然而电力需求低，并且缺乏输电线路。巨大的水力发电能力无法得到有效利用，导致大量能源被废弃。以四川为例，大多数水电站是径流式水电站，这些水电站的灵活性较低，通常用作基本负荷。当水力资源丰富而电力需求较低时，就会发生水力发电的削减。四川弃水的问题因能源浪费巨大，引起了政府的极大关注。2017年四川的弃水电量为 1.4 太瓦·时，相当于水电总发电量的 4.4%。四川的水电削减仅发生在雨季（6~10 月），那时水量丰富，水电站几乎可以满负荷发电。但电力需求不能消纳如此多的水力发电，尤其是在低负荷时段（0:00~8:00）。图 6.5 显示了两种情景下 2018 年夏季某日的负荷分配情况。在基准情景中，低负荷时段的弃水现象较为明显。相比之下，借助需求侧储能，储能情景中的弃水被降至非常低的水平。储能装置在低负荷时段消纳大量的水电，在高峰负荷时进行放电以满足用电需求。图 6.6 展示了两种情景在整个规划期间的年弃水电量对比。与基准情景中的平均 10 太瓦·时弃水电量相比，储能情景中的弃水电量控制在 0.2 太瓦·时以下，预计到 2030 年将接近零。

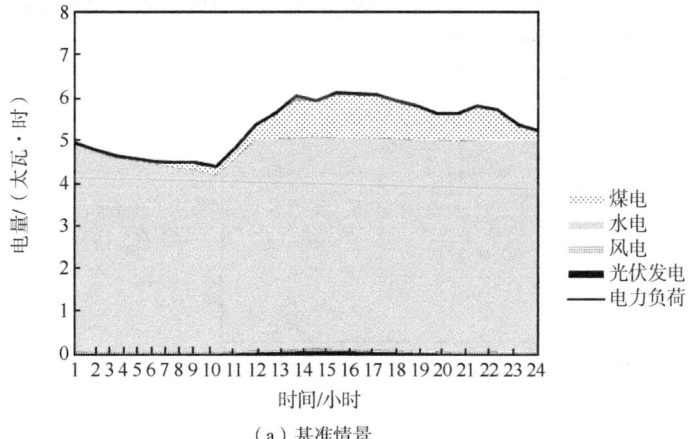

(a) 基准情景

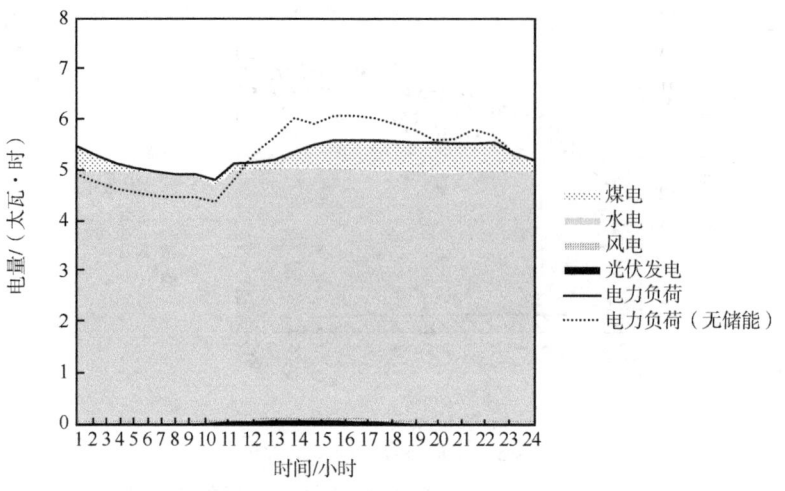

(b) 储能情景

图 6.5 2018 年夏季某日负荷分配曲线

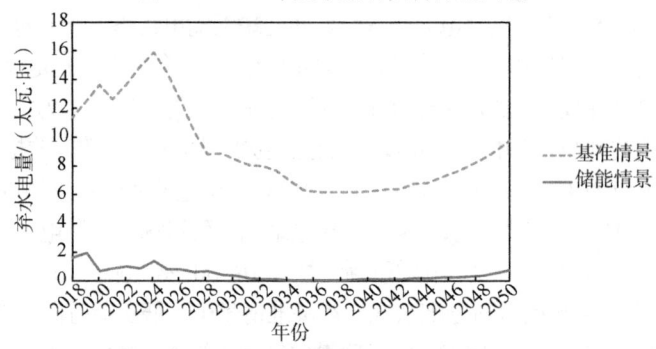

图 6.6 两种情景下的年弃水电量

总体而言,需求侧储能可以替代燃煤电厂,从而为将可变可再生能源集成到电力系统中提供灵活性,并减轻四川的弃水问题。换句话说,需求侧储能可以提高可再生能源的利用率,同时减少燃煤发电。如图 6.7 所示,其结果是 CO_2 排放量显著减少。与基准情景相比,在储能情景中规划阶段内的 CO_2 总排放量减少了 433 兆吨。

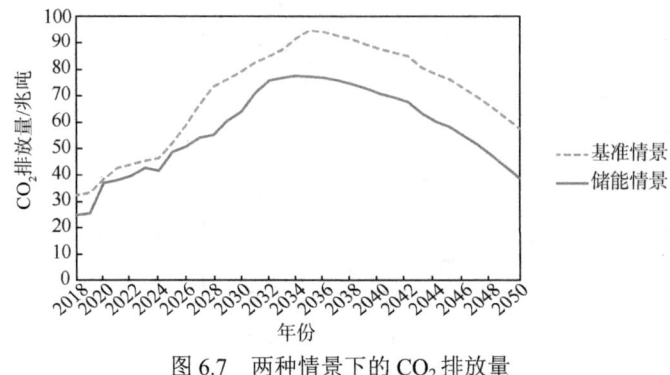

图 6.7 两种情景下的 CO_2 排放量

尽管需求侧储能具备一定优势，但会产生额外的成本。在储能情景中，到2050年将需要47.4吉瓦的储能容量。两种情景在规划阶段的总成本如图6.8所示。值得注意的是，发电成本减少了75亿美元，而额外的储能成本为203亿美元。因此，上述需求侧储能所带来的好处是以总成本增加（128亿美元）为代价获得的。基于储能提供的最大灵活性为电力需求20%的假设，与基准情景相比，储能情景中的碳减排成本为30美元/吨。如果将灵活性约束降低到15%或10%，则可以避免的碳排放量和总成本都将降低，如图6.9所示。然而，平均碳减排成本仍在30美元/吨左右。这意味着实施需求侧储能可以以稳定的成本减少电力部门的CO_2排放量。有了这些量化的结果，决策者可以与不同部门进行协调，并根据总体排放目标和各自可承受的减排成本制定减排策略。

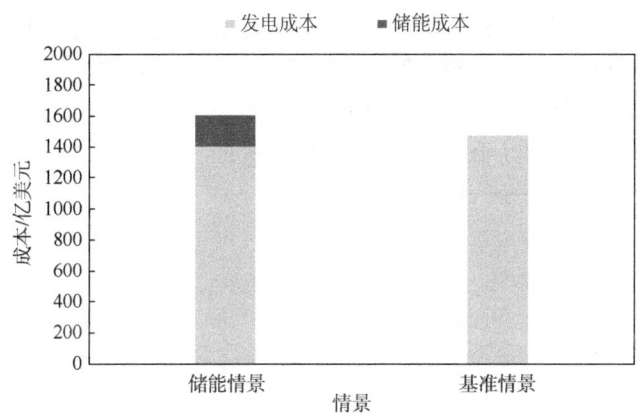

图6.8　两种情景的成本比较

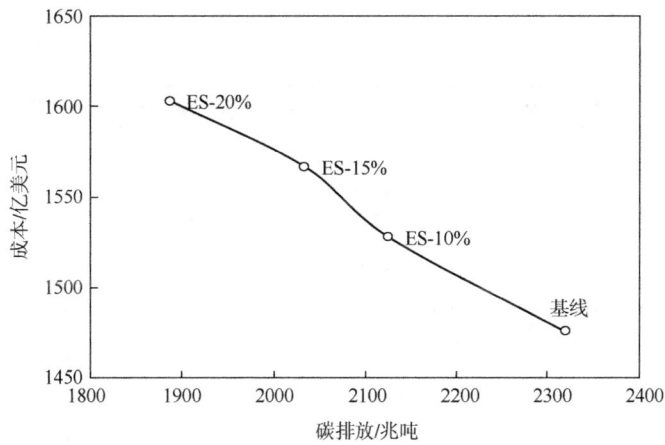

图6.9　不同情景下的碳排放和总成本

二、经济可行性

在模型中,假设储能设施安装在需求侧,储能设施的投资成本由用户承担。用户这样做的动机是电费的减少,以及峰谷时段电价之间的能源套利机会。消费者获得的收益等于储能设施放出电量的销售额减去充电的购买成本。目前四川峰谷时段的电价差约为 0.77 元/(千瓦·时)。假设价格在规划阶段内保持恒定,则储能情景中需求侧储能的成本和收益如图 6.10 所示。值得注意的是,到 2037 年,储能成本将迅速下降。这是由于大量储能设备将达到其使用寿命,并将在 2037 年淘汰。2038 年,新建的储能设备将取代淘汰的设备。新建的储能设备由于成本快速降低,投资成本相对较低,导致总储能成本快速下降。从那以后,储能收益开始超过储能成本。如果将需求侧储能设施作为一个整体考虑,那么规划阶段内的净现值(net present value,NPV)将为-448 亿元。这意味着回报率低于资本成本,这将不会激励用户安装储能设备以提供电力部门需要的灵活性。结果表明,如果储能设施的单位资本成本降低 31.6%或峰谷值时刻之间的电价差增加到 1.19 元/(千瓦·时),则可以实现 NPV 收支平衡点。

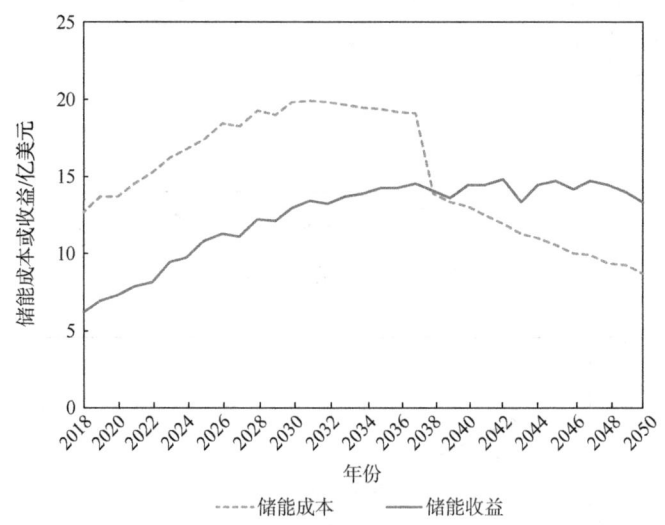

图 6.10　储能情景下的需求侧储能成本与收益

四川目前的电力市场仍处于市场化改革的初期阶段。需求侧储能的唯一收益来源是峰谷时段的电价之间的能源套利机会。以上结果表明,基于当前的储能成本和电力市场政策,需求侧储能无法获得利润。意大利需求侧储能设备最优运行计划的模拟研究发现,在当前每小时的现货价格下,它无法在负荷转移应用中获得利润。同时,有研究表明,调峰服务在需求侧储能的收入无法抵消全部投资。相反,提供需求管理和需求响应辅助服务在经济上是有利可图的。通过使用滚动优化法优化多用途客户储能系统调度的研究表明,使用需求侧储能来支持其中一项或两项服务将无法获得利润。因此，需求侧储能获得利润的前提是降低储能技术的成本和建立合适的电力市场机制，创造多元化的收益来源。

三、政策建议

根据情景分析，在电力系统中安装需求侧储能设施，对集成高份额的可再生能源具有良好的效果，可以显著减少 CO_2 排放。然而，基于当前的储能成本和电力市场政策，促使用户这样做的经济激励是不够的。为了充分利用需求侧储能的优势，实现向低碳电力系统的转型，建议政策制定者从三个方面采取行动。

第一，可以增加峰谷时段之间的电价差。根据四川现行的电价政策（《四川省发展和改革委员会关于调整四川电网丰枯峰谷电价政策有关事项的通知》），自 2018 年 1 月 1 日起，峰谷电价有所不同。每天分为三个时段，即高峰时段（7:00~11:00 和 19:00~23:00）、低谷时段（23:00~次日 7:00）和平段（11:00~19:00）。平段的电价由政府调整，并会根据需要不定期更新。在高峰和低谷时段，电价分别上下浮动 50%。当前，四川用电容量在 10 千伏以内时，平段的电价为 0.77 元/（千瓦·时）。这意味着峰谷时段之间的价格差也为 0.77 元/（千瓦·时）。根据上述经济可行性小节中的结果，只有当峰谷时段之间的电价差增加到 1.19 元/（千瓦·时）时，才能实现需求侧储能的 NPV 收支平衡点。因此，高峰期和低谷期的电价浮动水平应提高到 77% 以上。

第二，可以实施针对需求侧储能项目的补贴政策支持。如上所述，目前唯一的收入来源是电费的减少以及峰谷时段电价之间的能源套利机会。然而，储能技术仍处于发展的早期阶段，成本很高，因此收益无法弥补成本。政府可以为试点储能项目提供适当的补贴，以增加收入。江苏的补贴政策就是一个很好的例子。政府对需求侧储能电站在三年内释放的电力给予 0.3 元/（千瓦·时）的补贴。在这一政策支持下，截至 2020 年 5 月，江苏已建成 71 家需求侧储能电站，总容量为 125 兆瓦/（787 兆瓦·时）。这些项目的应用将进一步促进技术创新，降低储能成本，使需求侧储能项目在没有补贴的情况下逐步实现盈利。

第三，可以提高两部分电价中相对于电量电价的容量电价。目前，四川正在实施两部分电价政策，适用于变压器容量大于 315 千伏安的终端用户。电价包括两部分：容量电价和电量电价。容量电价是根据终端用户的变压器容量或最大需求（每月每 15 分钟或 30 分钟内平均负荷的最大值）计算的，与耗电量无关。电量电价是根据终端用户的实际用电量计算的。根据《关于四川电网 2020—2022 年输配电价和销售电价有关事项的通知》，变压器容量的容量电价为 22 元/（千伏安·月），最大需求的容量电价为 33 元/（千瓦·月）。通过这种定价机制，大型行业用户可以通过需求侧储能来降低峰值负荷，从而降低容量电价方面的成本。如果可以提高相对于电量电价的容量电价，则用户最终将获得更高的经济诱因来安装需求侧储能设施。

第七章　西南地区能源革命对经济社会发展、生态环境保护的推动作用

能源与经济社会、生态环境协调发展始终是世界面对的一个重大议题。能源在人类社会进步历程中不可或缺，与经济社会、生态环境相互制约、相互影响。对于经济社会，能源作为生产要素是经济增长的直接驱动，是推动经济社会发展的重要力量，而经济增长则为能源发展提供资金、技术、市场支持，同时对其质量、规模和结构提出更高的要求。对于生态环境，能源开发利用不可避免地给生态环境带来潜在影响，而生态环境反过来又会限制能源的不合理开发和利用。因此，能源是联系经济社会和生态环境之间强有力的纽带，是推动经济社会发展和生态环境之间有效协同的关键。

多年以来，经济社会发展与生态环境保护的关系受到了广泛关注：一方面，二者相互制约，粗放型的经济增长方式会对环境产生负面影响，而环境质量的恶化反过来又会极大地限制经济发展；另一方面，二者相辅相成，良好的环境将为经济平稳发展和人民生活水平提高提供基础保障，而经济发展又能为环境保护提供资金技术支持。对于这一关系，相关研究者提出了环境库兹涅茨曲线（environmental Kuznets curve，EKC）这一经典理论。EKC 理论表明，在经济发展初期，随着人均收入水平的不断提高，环境恶化程度也会相应增强；而只有在经济发展到一定程度、物质生活水平有一定提高时，环境保护才会受到足够的重视，到达环境从逐步恶化到走向改善的拐点。尽管 EKC 理论存在着一些争议，但从发达国家的历史发展经验来看，环境与经济间的这一关系确实普遍存在。在当今世界，协调经济社会发展与生态环境保护之间的关系已成为可持续发展的重要议题。

综合来看，能源作为人类社会、国民经济发展的动力，能够推动经济社会发展和生态环境保护，优化能源结构，实现能源战略转型，可进一步服务社会经济发展，保证良好生态环境，推动生态文明建设。

西南地区整体经济实力较弱，具有地理地形复杂、少数民族较多等特点。西南地区各省区市之间的经济发展极不均衡，发展需求十分迫切。同时，西南地区具备丰富的以水电为代表的清洁能源资源，水资源占全国总量的 66.7%，2017 年，西南地区水力发电量为 4277 亿千瓦·时，占全国水电总发电量的 47%。因此，应继续充分发挥西南地区资源优势，通过科学合理地利用，西南地区经济社会发

展和生态环境保护发挥综合效益。

然而，随着我国经济进入新常态，在电力需求增速放缓、东中部地区接收意愿降低、外送通道建设缓慢、两网分割等因素作用下，西南地区清洁能源的高效消纳正面临严峻挑战。此外，随着经济的进一步发展和社会产业结构的调整，未来西南地区清洁能源的消纳将面临更大的挑战，迫切需要从多方面发挥以水电为代表的可再生能源的绿色价值和综合效益。

第一节　西南地区可再生能源发展的模型分析

一、西南地区可再生能源发展的机遇和挑战

西南地区具有丰富的以水电为代表的可再生能源资源。然而，由于西南地区总体的经济发展水平不高、区域内各省区市之间的经济发展不平衡、相关政策和产业之间的不协调等问题，西南地区弃水问题严峻。特别是在水力资源丰富的云南、四川两省，弃水问题突出，弃水电量逐年增加，大规模可再生清洁能源白白浪费，发电企业生存困难、资源地税收锐减，严重影响水电等相关清洁能源行业健康发展及西南地区的共享发展，不利于区域经济社会发展和生态环境改善。

然而，目前公众尚未全面认识到可再生能源的综合价值，国内尚缺乏科学、系统、全面的清洁能源综合效益的研究，尤其缺乏针对水电开发的能源-经济-环境综合效益的研究。因此，科学系统地研究水电等清洁能源开发的综合效益，有利于其价值的充分肯定，为建立合理的清洁能源消纳机制和价格机制提供有效支撑，从而更有利于西南地区充分发挥清洁能源资源优势，促进西南地区共享发展，推动中国早日实现能源转型目标。

如图 7.1 所示，为了让公众全面认识到可再生能源发电的综合效益和价值，本书建立可再生能源发电的综合效益的评估模型，从能源、环境和经济社会三个维度定量分析以水电为代表的可再生能源发电的综合效益。

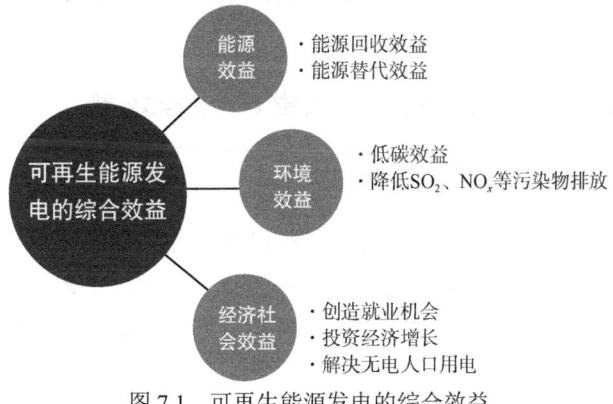

图 7.1　可再生能源发电的综合效益

二、西南地区可再生能源发电发展现状与情景预设

本书基于西南地区可再生能源发电发展情景的预设（2017～2035年），按表7.1进行设定。本部分所有对于西南地区可再生能源发电的能源、环境、经济社会效益的计算都基于该情景。

表7.1　2017～2035年西南地区（不含西藏）可再生能源发电发展情景

指标	类型	2017年	2035年情景1	2035年情景2
装机容量/万千瓦	水电	16 512	22 080	23 980
	风电	1 432	2 700	7 920
	光伏发电	538	1 800	5 280
	总计	18 482	26 580	37 180
发电量/（亿千瓦·时）	水电	6 385	8 832	9 592
	风电	221	402	1 166
	光伏发电	83	268	778
	总计	6 689	9 502	11 536

该情景的设定综合考虑以下因素。

第一，西南地区水资源丰富，水电机组装机容量和水电发电量居全国首位。目前西南地区的水力资源已得到一定程度上的开发利用，未来将进一步发展。

第二，相比于风力发电，现阶段西南地区的光伏发电量较低，未来光伏发电将得到大力发展。到2035年，光伏发电的装机容量和发电量均明显提升，在西南地区可再生能源发电中所占的比重将与风力发电接近。

第三，所设定的情景分为常规情景（2035年情景1）和乐观情景（2035年情景2），常规情景是对2035年发展情景的保守估计，乐观情景中假设未来西南地区将大力发展可再生能源，因此装机容量和发电量相较于常规情景有较大提升。

三、西南地区可再生能源发电的综合效益

（一）能源回收效益

能源回收期指的是发电系统在投入运行后需要几年可以收回其整个生命周期中对一次能源的消耗，这些消耗通常包括设备制造、运输安装、运维和回收等环节所需要的能源。能源回收期越短，说明该发电方式的能源投资收益越高。其计算公式如下：

$$能源回收期 = \frac{生命周期中的总能源消耗}{年发电量}$$

$$= \frac{制造能耗+运输安装能耗+运维能耗+回收能耗}{年发电量}$$

本节风电的能源回收期为 0.7 年，光伏发电的能源回收期为 1.6 年，实际上，上述结论在不同研究报告中有一定差别，主要取决于计算时所考虑项及发电系统的功率，功率越大，能源回收期越短。一般而言，风电系统的能源回收期低于 2.5 年，以 1 年内居多，光伏发电系统的能源回收期视光伏板类型的不同分布在 1.5～8 年内。

对于水电，本节估算一个装机容量为 1000 兆瓦的水电站的能源回收期，假设该水电站的年发电小时数为 4500 小时，按照满发计算，则年发电量约为 4.5×10^9 千瓦·时，即 1.62×10^{16} 焦。水电站全生命周期耗能中，所占比重最高的两项分别为厂用电和水电站土建工程中的等效能耗（包括建筑材料的等效能耗和施工设施的电耗、油耗等），这两项之和占据了总能耗的 90% 左右，原因如下：

第一，水电站的全生命周期中每年都产生厂用电能耗，虽然其每年仅占年发电量的 0.5%，但水电生命周期长（假设为 100 年），整个生命周期厂用电能耗的积累量较大。

第二，水电站土建工程中，建造大坝和电站房屋需要耗费大量的混凝土、钢筋等材料，这些原材料在生产过程中的能耗是巨大的。

因此，本章选取厂用电和水电站土建工程能耗之和衡量水电站的全生命周期总能耗。经计算，1000 兆瓦的水电站全生命周期厂用电能耗为 8.1×10^{15} 焦，水电站土建工程能耗为 6.68×10^{15} 焦。因此，1000 兆瓦水电站的能源回收期为 0.9 年。

以能源回收期而言，水电为 0.9 年，风电为 0.7 年，光伏发电为 1.6 年，可见三种发电方式的能源回收期均较短，说明可再生能源发电具有良好的能源投资回收效益。公众一般认为水电站的投资巨大、投资回收期长，然而计算表明，水电的能源回收期在 1 年以内，即虽然建设水电站需要消耗大量的能源，但是水电站年发电量大，将很快带来盈余的能源效益。

（二）能源替代效益

本节以可再生能源发电所替代的煤炭量衡量能源替代效益，标准煤的替代量计算公式如下：

$$标准煤总替代量 = \frac{水电替代量+风电替代量+光伏发电替代量}{可再生能源发电量 \times 供电煤耗}$$

目前我国的煤电机组平均供电煤耗约 310 克标准煤/（千瓦·时），世界先进水平约 300 克标准煤/（千瓦·时），如日本、韩国、意大利等。《能源发展"十三五"规划》指出，目前新建火电机组的平均供电煤耗应控制在 300 克标准煤/

（千瓦·时）以下。因此假设2035年，我国的煤电机组平均供电煤耗达到目前的世界先进水平，即300克标准煤/（千瓦·时）。本节基于310克标准煤/（千瓦·时）计算2017年西南地区的燃煤替代量，基于300克标准煤/（千瓦·时）计算2035年西南地区的燃煤替代量，则西南地区能源替代效益如表7.2所示。

表7.2　西南地区可再生能源发电的燃煤替代量　　（单位：亿吨）

类型	2017年	2035年情景1	2035年情景2
水电	1.979	2.650	2.878
风电	0.069	0.121	0.350
光伏发电	0.026	0.080	0.233
总计	2.074	2.851	3.461

可见，西南地区水电产生了巨大的能源替代效益，在两种情景下预计分别替代燃煤2.650亿吨和2.878亿吨，占据主导地位。尽管目前风电和光伏发电产生的能源替代效益较小，但是其增长速度显著。乐观情景下，2035年风电和光伏发电所产生的燃煤替代量占比将由目前的5%上升至17%。

（三）环境效益

西南地区的可再生能源具有可观的能源效益，本部分将研究其替代火电厂燃煤所产生的环境效益。燃煤发电对环境产生的负面影响如下。

第一，燃煤发电产生大量的CO_2，作为一种温室气体，CO_2是导致全球气候变暖的重要因素。中国目前是世界上最大的温室气体排放国，面临着巨大的碳减排压力。

第二，燃煤发电产生的SO_2、NO_x等污染物会对人体健康产生危害，也可能对农、牧业产生不利影响。

西南地区作为我国最大的清洁能源基地之一，替代了大量的火力发电，对降低我国碳排放和其他污染物排放有着至关重要的作用。

1. 减碳效益

本节利用燃煤替代量等效的CO_2减排量衡量西南地区可再生能源发电的减碳效益：
CO_2减排量=标准煤总替代量×单位标准煤的CO_2排放量

将每吨标准煤的CO_2排放量确定为2.54吨，因此西南地区可再生能源发电带来的CO_2减排量如表7.3所示。

表7.3　西南地区可再生能源发电的CO_2减排量　　（单位：亿吨）

类型	2017年	2035年情景1	2035年情景2
水电	5.028	6.730	7.309
风电	0.174	0.306	0.889
光伏发电	0.065	0.204	0.593
总计	5.267	7.240	8.791

2. 降低 SO_2 和 NO_x 排放

本节计算西南地区可再生能源发电带来的 SO_2 和 NO_x 减排量,计算方法参见 CO_2 减排量计算公式。目前我国的超低排放强制性标准中规定,火力发电燃煤产生的 SO_2 标准限制为 35 毫克/米^3,NO_x 为 50 毫克/米^3。随着脱硫脱硝技术的普及,我国在 2015 年火电的 SO_2 排放水平为 0.47 克/(千瓦·时),NO_x 排放水平为 0.43 克/(千瓦·时)。国际能源署根据当前的技术发展情况制定的 2030 年的燃煤电厂污染物排放目标为 SO_2 和 NO_x 均不高于 10 毫克/米^3。假设中国在 2035 年能够达到国际能源署制定的目标,则 2035 年火电的 SO_2 排放水平为 0.13 克/(千瓦·时),NO_x 排放水平为 0.09 克/(千瓦·时)。

西南地区 2017 年和 2035 年的 SO_2 和 NO_x 减排量如表 7.4 所示。可见无论是常规情景还是乐观情景,到 2035 年,SO_2 和 NO_x 的总减排量均有所降低。这是因为西南地区的可再生能源发电量相比 2017 年虽有明显增长,但是由于火电厂技术升级,其 SO_2 和 NO_x 排放水平均会大幅降低。

表 7.4 西南地区可再生能源发电的 SO_2 和 NO_x 减排量 (单位:万吨)

指标	类型	2017 年	2035 年情景 1	2035 年情景 2
SO_2 减排量	水电	30.01	11.83	12.85
	风电	1.04	0.54	1.56
	光伏发电	0.39	0.36	1.04
	总计	31.44	12.73	15.45
NO_x 减排量	水电	27.46	8.83	9.57
	风电	0.95	0.40	1.17
	光伏发电	0.36	0.27	0.78
	总计	28.77	9.50	11.54

(四) 经济社会效益

1. 增加就业机会

可再生能源发电行业的发展创造了一批技术要求高和服务水平高的岗位,在西南地区,以水电为代表的可再生能源发电产业带动就业的优势越来越显著,可再生能源发电项目在建设和投运时期均为当地带来了数量可观的就业岗位。本节将所带动的就业人数分为直接就业人数和间接就业人数,其中,直接就业人数是指在电厂工作的所有人员,间接就业人数是指可再生能源发电发展带动的其他产业就业人数。

根据文献调研结果确定水电、风电和光伏发电的单位装机容量带动的就业人数,如表 7.5 和表 7.6 所示。可见,目前西南地区水电带动的就业人数占据主要地位,到 2035 年这一状态将继续保持,但风电和光伏发电带动的就业人数会大幅上涨,所占比例也将提高,该现象在乐观情景下更为明显。

表 7.5　水电、风电和光伏发电单位装机容量带动的就业人数（单位:人/兆瓦）

指标	水电	风电	光伏发电
直接就业人数	6.22	2.78	2.27
间接就业人数	4.13	6.14	5.09
总就业人数	10.35	8.92	7.36

表 7.6　西南地区可再生能源发电带动的就业人数　　（单位:万人）

指标	类型	2017 年	2035 年情景 1	2035 年情景 2
直接就业人数	水电	102.7	137.3	149.2
	风电	4.0	7.5	22.0
	光伏发电	1.2	4.1	12.0
	总计	107.9	148.9	183.2
间接就业人数	水电	68.2	91.2	99.0
	风电	8.8	16.6	48.6
	光伏发电	2.7	9.2	26.9
	总计	79.7	117.0	174.5
总就业人数		187.6	265.9	357.7

2. 促进地区生产总值增长

可再生能源发电产业规模的扩大将拉动投资,进而带来经济的增长。本节根据文献调研,计算得到了 2035 年可再生能源发电单位装机容量带来的地区生产总值增长,如表 7.7 所示。

表 7.7　2035 年单位装机容量带来的地区生产总值增长

发电类型	单位装机容量带动的地区生产总值增长/（万元/兆瓦）
水电	351.4
风电	204.0
光伏发电	126.6

基于此计算西南地区 2035 年可再生能源发电带来的地区生产总值增长,如表 7.8 所示。

表 7.8　西南地区 2035 年可再生能源发电带来的地区生产总值增长（单位:亿元）

类型	2035 年情景 1	2035 年情景 2
水电	7 758.9	8 426.6
风电	550.8	1 615.7

续表

类型	2035 年情景 1	2035 年情景 2
光伏发电	227.9	668.4
总计	8 537.6	10 710.7

2017 年我国 CO_2 排放总量约 100 亿吨，西南地区可再生能源发电带来的 CO_2 减排量已占到我国 CO_2 排放总量的 5%。目前我国碳市场的定价约 40 元/吨，预计 2035 年碳市场定价为 253 元/吨，因此，将西南地区可再生能源发电带来的减碳效益货币化，2017 年、2035 年情景 1 与 2035 年情景 2 的货币化减碳效益分别为 210.68 亿元、1831.7 亿元和 2224.1 亿元。

3. 光伏解决西藏农牧民用电问题

独立光伏在解决无电人口用电问题方面具有巨大优势，相关的研究结果表明，从人均投资来看，每 3460 元用于独立光伏的投资即可解决一人的用电问题，相比之下，投资电网却需要 13 385 元，是独立光伏的 3.87 倍。2015 年，我国已全面解决无电人口用电问题。目前，西藏的农牧民主要采取独立光伏供电，具有成本低、便于迁移等优点，但是也存在供电不稳定、需要定期维护等问题。未来，随着电网的进一步建设，末端电网延伸将最终解决西藏农牧民的用电问题，接入大电网将保证电力的稳定、高质量供应。接入电网后，农牧民原先使用的独立光伏装置可以被统一回收后再"打包上网"，也可以由各户分散并网，一方面能够充分利用现有资源为当地带来额外的经济效益，另一方面将为西南地区提供更多的绿色电能。

（五）西南地区可再生能源发电的综合效益分析小结

本节从能源、环境和经济社会三个角度评估了西南地区可再生能源发电的综合效益，通过设置两种 2035 年西南地区可再生能源发展情景（常规情景和乐观情景），定量计算了未来西南地区可再生能源发电带来的综合效益。

第一，未来西南地区将继续保持以水电为主的可再生能源发电局面，但风电和光伏发电的装机容量均有所上升，所占比例也将增加。

第二，水电的能源回收期介于风电和光伏发电之间，具有良好的能源投资回收效益，虽然初期投资大，但建成投运后一年内即可产生能源效益。

第三，常规情景设置下，西南地区可再生能源发电在 2035 年预计将替代 2.851 亿吨煤炭，从而产生相应的环境效益。随着碳市场价格的增长，预计 2035 年常规情景下的货币化减碳效益为 2017 年的 9 倍，乐观情景下达到 2017 年的 10.5 倍。而随着火电机组的技术升级，2035 年火电机组的 SO_2 和 NO_x 排放水平均大幅降低，因此 2035 年西南地区可再生能源发电的 SO_2 和 NO_x 减排效益不增反降。

第四，西南地区整体经济水平不高，区域内各省区市发展极不均衡，可再生能源发电将为西南地区提供更多的就业机会，并且促进地区生产总值增长。根据本书的模型，在 2035 年两种情景下，所增加的总就业人数分别为 265.9 万人和 357.7 万人。

第二节 清洁能源发展的效益分析

通过以上对西南地区清洁能源发展的分析，不难看出发展清洁能源能够为社会经济发展带来诸多益处。

一、解决区域经济发展不平衡问题

（一）清洁能源的发展带来多重经济效应

水电等清洁能源的发展不仅会促进本行业的发展和规模的扩大，而且将带动整个产业链的发展，带动水利工业、钢铁工业、机械工业、铸造业、交通运输业等各个行业的发展，带来行业产值的增长（1 千瓦·时电可拉动可再生能源上下游产业产值增长 0.66 元），同时创造大量的就业机会（可再生能源平均每发 1 亿千瓦·时电将带动上下游产业链 78 人工作一年的就业量），并增加职工收入，进一步拉动市场需求的增长，促进地区的经济发展。除此之外，水电站的建设期间对地方税收有直接贡献，建成后可成为可靠税源；分布式光伏具有重要的乡村振兴价值，能够在满足偏远地区用能需求的同时为当地人民带来额外收益。综上，可再生能源的发展，尤其是水电的发展，有利于将西南地区的能源优势转化为经济优势，一方面可促进西南地区生产总值增长，另一方面可显著改善当地人民的生存环境，提高其生活质量，有利于解决经济发展的不平衡问题。同时，由于可再生能源对技术的要求普遍较高，不断追求技术进步将会在很大程度上促进科技的进步和创新的孕育，后者将为经济发展带来新动力和新引擎，符合经济高质量发展的理念和要求。

（二）带动偏远地区致富

水电工程大多为资金密集型工程，建设周期长，且具有长期社会效益。水电站的建设将带动当地公路交通等基础设施的建设；工程建设对交通、材料、设备、电气、运输等多方面的需求将带动当地原材料制造、化工、建材、电力配套等工业的发展；而工业的发展和交通条件的延伸改善又将带动当地城镇化建设及商业、金融业、旅游业的发展，给当地提供大量的就业机会，促进第三产业的快速发展。另外,移民资金可改善当地农牧民生存环境和生活质量;工程建设所获得的大量税金和财政收入可为当地较落后的社会经济注入强大的资金流,促进当地经济的整体跃升;水电站每年上缴的税收也可增加地方财政收入,为地方经济建设和发展提供长期的资金。对于流域上游部分地区,借助水电工程开发,通过扶持当地生产和就业、水库移民安置、教育等,可以使一部分人口致富,符合相关政策精神。

从典型案例出发可以进一步证明清洁能源的发展对经济社会发展的推动作用。小湾水电站位于澜沧江中游河段,系澜沧江中下游水电规划"两库八级"中的第二级,小湾水电站装机容量为420万千瓦,是世界级的水电工程,建成投产后有效发挥了其作为核心水电站的综合效益:推动地方税收增长、人民致富。其所在南涧彝族自治县过去由于区位偏僻、交通不畅、产业单一,地方经济长期停滞不前。小湾水电站开工建设后,全国累计有20多个省区市的各类人才汇聚到此,增强了当地的购买能力,极大的人流、物流、资金流和信息流有力地促进了当地第三产业的发展。如今,经过强大经济动力的助推,南涧彝族自治县的教育、卫生、农田水利、交通道路、通信及城镇化建设发生翻天覆地的变化。小湾水电站自建设以来,有效的投资拉动使全县生产总值每年以10%以上的平均速度增长,其中有近3个百分点直接和间接来自水电站建设。同时,水电站每年为县财政增加收入近2800万元。

(三) 带动流域整体效益的提升

水电站群多为梯级电站,以龙头水库为基础推动上下游之间的联动配合对于发挥流域电站的整体效益至关重要。小湾水电站建成后,库区形成近 150 亿米^3 的库容,成为具有良好的多年调节性能的特大型水库,具有每年近 100 亿米^3 的调节水量,除保证水电站发电外,还能保障下游的漫湾、大朝山和景洪三个梯级电站的出力,年均增加出力 110 万千瓦,发电量增加 25.75 亿千瓦·时,且全部是枯期发电量,并可将 15.65 亿千瓦·时的汛期发电量转化为枯期发电量。小湾水电站建成发电后,云南电力系统水电站群的调节性能发生根本改变:全省水电站群汛期、枯期发电量的比例由 64:36 改善为 50:50;保证电量占年电量的比例也由53%提高到了86%,大大扭转了云南电力系统长期以来难以解决的"丰弃、枯紧"的被动局面,对于保障水电行业效益和竞争力,进而提高整个经济运行水平具有重要作用。

(四) 促进资源优化配置

发展以水电为代表的可再生能源,显著减少了对煤炭这一西南地区多数省区市比较匮乏的资源的需求,减少了煤炭的外地调入,避免了高碳的煤炭从区外调入、低碳的清洁能源向区外调出的逆配,减少了不必要的浪费,是资源优化配置的重要手段,对于提高西南地区整体能源和经济社会的运行效率具有重要作用。

二、建设生态文明,实现碳减排目标

从环境污染物排放趋势(图7.2)来看,SO_2、NO_x等污染物排放量逐步下降。相比常规情景,在所设定的能源革命情景下,2035年SO_2、NO_x的排放量将分别减少100万吨和67万吨,相当于在常规情景的基础上分别减排29%和26%,减排效益明显。

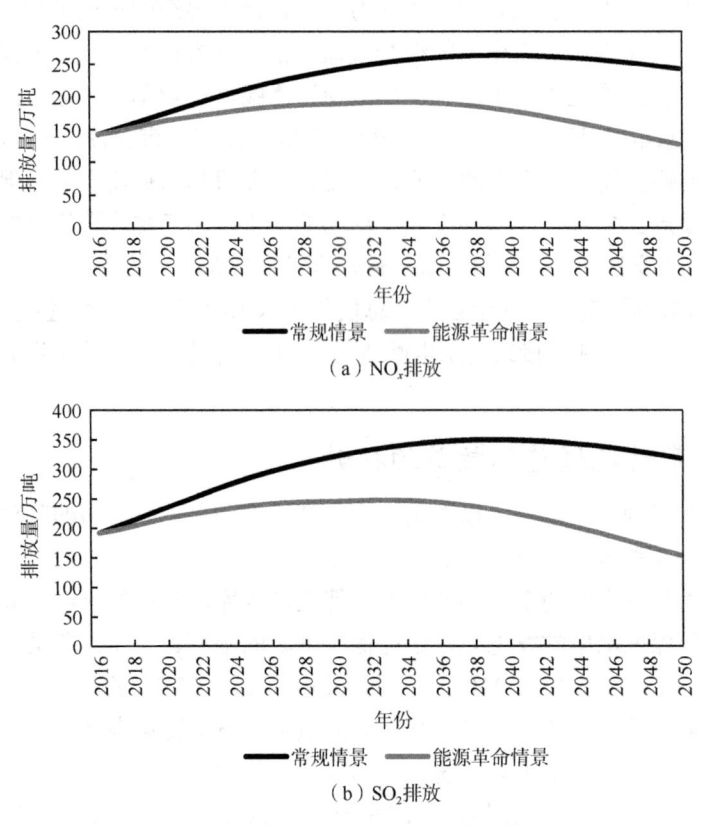

(a) NO_x排放

(b) SO_2排放

图7.2 西南地区环境污染物排放

从CO_2的排放趋势(图7.3)来看,CO_2排放量在近中期(2020~2035年)将有缓慢增长,远期(2035~2050年)随着可再生能源的发展和能源清洁低碳化程度的不断提高,CO_2排放量将逐步减少。相比常规情景,在所设定的能源革命情景下,2035年西南地区的CO_2排放量可减少2.2亿吨,相当于在常规情景的基础上减排13%。2050年CO_2排放量将与2025年基本持平,为我国应对气候变化、减缓温室气体排放贡献力量。

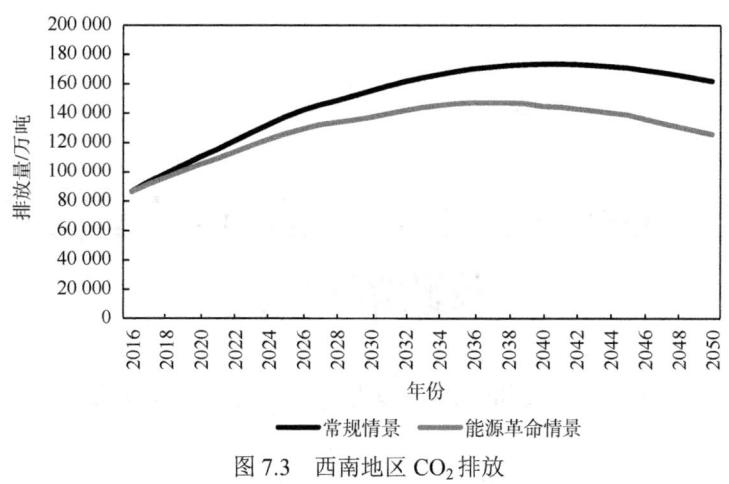

图 7.3 西南地区 CO_2 排放

从西南地区来看,以发展清洁能源为核心的西南地区能源发展,能够促进西南地区的能源清洁化和低碳化,大幅减少 SO_2、NO_x 等污染物排放以及 CO_2 排放。相关污染物的减少有利于人民健康水平的提高,降低哮喘、支气管炎等呼吸系统疾病发病率、住院率和死亡率,产生一定的经济效益[可再生能源平均环境和健康效益系数为 0.33 元/(千瓦·时)]。同时,可再生能源产业链比化石能源消耗更少的水资源[煤电全生命周期耗水 33.3 米^3/(万千瓦·时),风电全生命周期耗水 5.6 米^3/(万千瓦·时),光伏发电全生命周期耗水 16.9 米^3/(万千瓦·时)],可产生良好的节水效益。

从全国来看,以发展清洁能源为核心的西南地区能源发展还能够有效推动全国能源结构的清洁低碳化,为控制温室气体排放、完成《巴黎协定》承诺贡献力量。根据所开展的能源供需形势研判,预计未来西南地区水电新增投产 1.2 亿千瓦,占全国新增容量的 90%以上,2030 年装机容量将达 2.6 亿千瓦,年发电量为 1 万亿千瓦·时。这些电力除了供西南地区消费外,还有相当部分输出(约 5000 亿千瓦·时),相当于替代了全国约 3 亿吨的标准煤消费,减少 CO_2 排放 8 亿吨;若以 250 元/吨的碳价计算,相当于产生了 2000 亿元的环境价值。

第八章 能源革命推动西南地区共享发展战略及政策建议

第一节 西南地区能源革命的战略定位及目标

一、西南地区能源革命的战略定位

西南地区能源革命的迫切要求主要体现在：提高清洁能源开发利用水平，实现能源生产和消费方式的转变，构建清洁低碳、安全高效的能源体系，带动新兴产业发展，提升经济发展质量和效益，建设生态文明。因此，西南地区能源革命的战略定位为：基于水能、风能、太阳能等可再生能源资源以及常规天然气、页岩气十分丰富的实际，进一步贯彻国家发展战略，做优做强西南地区绿色清洁能源，将西南地区打造成为国家清洁能源基地、能源绿色低碳发展的领军者、新型能源技术创新和产业培育中心、开展区域能源协调互济的排头兵。

二、西南地区能源革命的战略目标

根据西南地区的战略定位，结合其资源禀赋和未来能源需求，提出西南地区能源革命的目标如下（图8.1）。

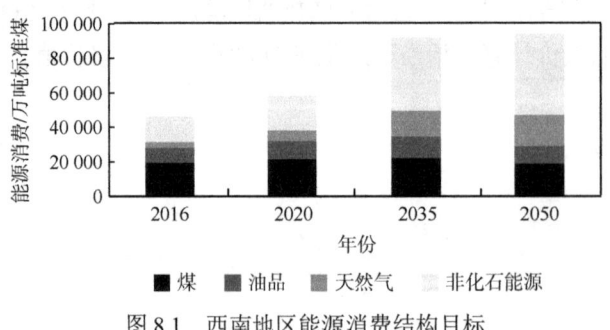

图 8.1 西南地区能源消费结构目标

（1）能源消费结构进一步升级。能源清洁化、低碳化程度明显提高，煤、油品、非化石能源的消费比例从 2020 年的 4∶3∶3，到 2035 年的 3∶3∶4，再到

2050 年的 2∶3∶5。此外，随着天然气供应能力的提升和终端消费量的增加，天然气消费占比明显提升，油品消费占比随着终端替代而明显下降，油品与天然气的消费比例从 2020 年的 6∶4，发展到 2035 年的 4∶6，再到 2050 年的 3∶7。

（2）经济社会持续稳健发展。通过充分推动共享发展，西南地区在社会主义现代化的建设中将与全国保持相同步伐，2035 年基本实现社会主义现代化，经济实力、科技实力大幅跃升，人民生活更为宽裕，中等收入群体比例明显提高，城乡区域发展差距和居民生活水平差距显著缩小；2050 年全面建成社会主义现代化，富强、民主、文明、和谐得到充分贯彻，全体人民共同富裕基本实现，经济社会发展水平全面提升。2035 年西南地区生产总值相当于 2017 年的 3 倍（按照 2015 年不变价），人均地区生产总值约 13 万元，达到当前北京、上海的水平；2050 年，西南地区人均地区生产总值超过 20 万元，达到当前英国、法国的水平。

（3）污染物和温室气体排放显著降低，成为应对气候变化的重要贡献者。2035 年 NO_x 排放量、SO_2 排放量相比 2017 年分别减少 10% 和 20%，其中单位地区生产总值的 SO_2 排放量得到明显控制，2035 年单位地区生产总值的 SO_2 排放量相比 2017 年将下降 50%，排放强度降低至国家平均水平以下。CO_2 排放量在 2030 年前后达到峰值，2050 年的 CO_2 排放量与 2017 年相当。西南地区在推动本区域清洁低碳发展的同时，也为全国的清洁低碳发展贡献力量。以替代的化石能源消费计，西南地区 2035 年通过清洁能源的本地利用和外送，为全国贡献的 CO_2 减排量相当于当前中国 CO_2 排放总量的 10%。

第二节 西南地区能源革命重点战略方向

根据西南地区能源经济社会发展现状、面临的关键问题和共享发展的内涵，本节研判西南地区能源革命的重点战略方向，从"四个革命、一个合作"解读，主要包含图 8.2 所示的以下方面内容。

第一，推动能源供给革命。西南地区能源供给革命的要求是积极增加清洁能源产出、提高化石能源清洁水平。具体包括大力发展水能、光伏等可再生能源，大力开发天然气/页岩气资源，以及促进煤炭生产集约化、发展新型煤化工。

第二，推动能源消费革命。西南地区能源消费革命的要求是将节能和能效提高贯穿经济社会发展的全过程与各领域，大幅提高能源利用效率，同时调整优化能源消费结构。具体包括提高能源加工、转化、利用效率，提升电力、天然气在终端能源消费中的占比，加强不同能源系统的集成互补和能源梯级利用等。

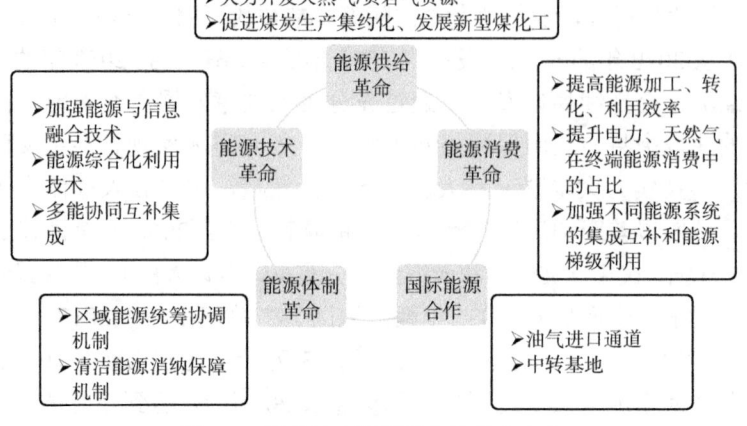

图 8.2 西南地区能源革命的重点方向

第三，推动能源体制革命。西南地区能源体制革命的要求是建立健全的清洁能源消纳保障机制、建设高效的区域统筹能源系统。具体设计的重要机制包括区域能源统筹协调机制，以及可再生能源配额制、碳市场交易等清洁能源消纳保障机制。

第四，推动能源技术革命。西南地区能源技术革命的要求是瞄准关键技术加大研发力度，促进创新力的提高和技术的转化，将先进的能源技术与西南地区清洁能源开发利用有机结合，以技术的研发利用带动相关产业的发展，提高产业竞争力和经济活力。具体包括加强能源与信息融合技术、能源综合化利用技术、多能协同互补集成等。

第五，推动国际能源合作。西南地区是我国的重要的油气进口通道与中转基地，国际能源合作的方向主要是通过油气进口，保障油气供应。

第三节 西南地区能源革命的战略举措

一、西南地区重点能源产业总体分析

《中华人民共和国国民经济和社会发展第十三个五年规划纲要》中直接涉及能源产业的内容包括推进资源节约集约利用、支持战略性新兴产业发展两部分。在推进资源节约集约利用部分，《中华人民共和国国民经济和社会发展第十三个五年规划纲要》要求全面推动能源节约。具体包括：推进能源消费革命。实施全民节能行动计划，全面推进工业、建筑、交通运输、公共机构等领域节能，实施锅炉（窑炉）、照明、电机系统升级改造及余热暖民等重点工程。大力开发、推广

节能技术和产品，开展重大技术示范。实施重点用能单位"百千万"行动和节能自愿活动，推动能源管理体系、计量体系和能耗在线监测系统建设，开展能源评审和绩效评价。实施建筑能效提升和绿色建筑全产业链发展计划。推行节能低碳电力调度。推进能源综合梯级利用。能源消费总量控制在50亿吨标准煤以内。此部分内容涉及的能源产业具体工作包括电能替代、天然气产业（主要为消费侧）与能源信息。

在支持战略性新兴产业发展部分，《中华人民共和国国民经济和社会发展第十三个五年规划纲要》要求提升新兴产业支撑作用。具体包括：支持新一代信息技术、新能源汽车、生物技术、绿色低碳、高端装备与材料、数字创意等领域的产业发展壮大。大力推进先进半导体、机器人、增材制造、智能系统、新一代航空装备、空间技术综合服务系统、智能交通、精准医疗、高效储能与分布式能源系统、智能材料、高效节能环保、虚拟现实与互动影视等新兴前沿领域创新和产业化，形成一批新增长点。此部分涉及的能源产业具体工作包括天然气产业（主要为消费侧）、清洁能源汽车、氢能、数据中心、能源装备、储能和能源信息。

综上所述，西南地区能源革命的重点工作包括电能替代、天然气产业（主要为消费侧）、清洁能源汽车、氢能、数据中心、能源装备、储能和能源信息等内容。

二、电力产业实施能源革命路径分析

从中远期来看，单纯依靠外送解决电力富余问题不可持续，提高本地电力消纳能力是四川电力可持续发展的重点。从近中期来看，大力推进"电代煤""电代油"，大幅提升终端电力消费，适当发展高载能、低污染能源产业，是提高过剩电力消纳和实施电能替代的重要途径；从长期来看，发展电动汽车、燃料电池车、绿色数据中心、能源装备制造业、能源互联网等高端能源产业是适合以电能消纳为抓手发展的"朝阳产业"，同时也具备拉动消费的巨大潜力。到2030年，电力消费以全社会用电量增量为主，同时供给方面须依靠水、风、光等清洁能源的大力开发，并通过多种消纳途径来保证电力供需的平衡。

（一）科学规划电源结构和投产时序是电力产业转型的根本

西南地区清洁能源资源优势明显，构建清洁能源互补供应体系，推进水电开发的同时有序规划建设风电、光伏发电基地，形成"风光水互补"的现代电力系统，是新时期清洁能源工作开展的重要方向。水电是规模大、调节性能良好的电源。西南地区具有多座大库容水电站，具备多时间周期的调节能力。可以充分利用流域梯级水电的调节能力，通过互补调节克服光伏、风能等新能源发电不连续、不稳定的缺点，从而稳定出力、提升供电质量。同时，大型水电站通常具备电力统调平台和外送通道，助力新能源与水电开发协调发展，实现清洁能源打捆外送。

针对已建成的小水电和小火电项目，应按照"绿色、环保、高效、有序"的原则实施严格管控。小水电项目的实际输出功率本身存在很强的季节性，为了避免冲击，大电网常常并不乐意接纳小水电，这就在一定程度上加剧了西南地区丰水期的弃水问题；此外，小水电项目还存在着一定的管理问题，不少小水电项目在未充分考虑下游生产、生活和生态环境用水需求的情况下，过度开发利用水能资源，造成河道断流、脱水，影响河流生态环境。小火电项目相比于大型火电项目存在能耗高、污染重的问题，成为制约电力工业节能减排和健康发展的重要因素，应加快关停小火电机组，推进电力工业结构调整，实现能耗降低以及主要污染物排放减少的目标。

与此同时，也要考虑到西南地区平水期有弃水现象发生，2016年5月弃水电量达到20亿千瓦·时。因此，短期内，在电力需求市场还未能培育发展的前提下，若可再生能源发电装机开发规模和进度过快，则将进一步加重弃水问题。长期来看，根据电力需求增长，合理规划可再生能源发电装机成为保障电力供应的根本。发挥水电调峰技术简单的特点，增加抽水蓄能等电力装机，有效增强电网调节能力。考虑到水电丰水、平水和枯水期的发电量波动，以及风光等电源的间歇性和波动性特征，建议西南地区科学规划一定量的火电装机。

另外，当前我国弃风弃光问题凸显，调峰调频的需求不断增加，储能在可再生能源消纳、分布式发电和微网等领域的应用价值受到越来越多的重视。因此，西南地区在能源转型的过程中也应因地制宜地建立一批储能示范项目，解决风光新能源装机自身所存在的间歇性与不稳定性问题，助力打造"风光水互补"的现代电力系统。

（二）建设安全高效的输配电网络是电力产业转型的重要内容

根据西南地区不同的负荷增长趋势，结合水电、风电、光伏发电和气电等新增电源点的布局情况，长远合理规划西南地区中长期骨干输电网架结构，有效解决能源资源与负荷中心在地理位置上的源-荷逆向分布问题。积极引入社会资本，大力发展配电网络建设。建成安全可靠、开放兼容、双向互动、高效经济、清洁环保的智能电网体系，提升输配电网络的柔性控制能力，满足并引导用户多元化负荷需求，促进需求响应技术的发展，提高电网运行效率。开展智能互动信息体系顶层设计与建设，有序建设主动配电网、微电网，提高分布式电源与配电网协调能力。解决部分地区配电网结构薄弱，城市配电网联络率低、智能水平不高的问题，以满足快速发展的城镇化建设的电力需求。

(三)发展高端产业是实现电力产业转型的长期举措

利用弃水电量发展增量、新型高载能产业是实现电力消纳的关键。一是大力发展水电制氢,用于化工或燃料电池。通过碱性水电解制氢或质子交换膜水电解制氢,相对成本较高。但针对大量弃电地区,可以用过剩电量发展制氢产业。二是大力发展电动汽车、铁路运输、城市轨道交通以消纳过剩电力,一方面可以减少交通碳排放及污染排放,对缓解本地区雾霾等恶劣天气将起到重要作用,另一方面可以促进水电消纳。三是发展高端工业及制造业,打造用能中心,如储能电池制造业、大数据及云计算运行中心、能源装备制造业等高端能源产业。此外,适当发展某些高电耗、低污染、高效益产业是有效解决当前电力过剩问题的权宜之计。适度发展本地高电耗行业,并承接中东部地区高电耗行业产能转移,可实现经济发展和环境保护的统筹兼顾。

(四)发展电能替代是电力产业转型的有效途径

提高终端用能电气化水平已成世界能源发展共识和大势,电能作为清洁、优质、高效、便捷的二次能源,在终端利用环节将对煤炭、石油、天然气等其他终端能源逐步形成替代。西南地区在终端电气化方面与全国平均水平仍存在一定差距,需要加强推动建材电窑炉、轨道交通、电动汽车等方面的发展。例如,与能源转型先行省份浙江相比,四川在热泵、工业电锅炉、建材电窑炉、农业电排灌、电动车、轨道交通、港口岸电、家庭电气化等方面还有待加强。其中差距较大的前三大行业为建材电窑炉、轨道交通、电动车。

加快推进城乡居民家用供暖、热水和炊事电气化,提高家庭电气化水平,倡导"零排放"家庭生活。加快供电电源和供电服务设施建设,积极推动电动汽车和轨道交通发展,推动交通领域电气化,大力发展铁路运输和城市轨道交通(低速磁悬浮)。在空气污染严重的地区大力发展大型热泵、电采暖、电锅炉、冷热双蓄等以电代煤项目,实施一批电采暖替代燃煤锅炉的示范工程。

(五)电力外送是缓解季节性供需矛盾的重要保障

推进电力产业转型,需加快外送通道规划和建设,协调电网公司与受端地区,切实解决西南地区富余电量外送的瓶颈问题。加快电力输送通道和骨干网架建设,构建安全可靠、智能经济的输配电网。进一步巩固与完善区域内电源富集地区和负荷中心电网 500 千伏、220 千伏骨干网架,加大水电资源在区域内的消纳力度,保障新能源有序接入。完善 110 千伏及以下城乡输配电网络,增强用电保障能力。抓紧建设省际电力外送新通道,扩大省际电力交换规模,增加省际调控能力,促进西南地区清洁能源参与全国一次能源平衡。为了保证富余水电顺利送出，四川已建成四个直流输电工程，但外送通道仍然不足。从四川输送通道建设来看，正在开展规划的风电和光伏发电项目容量多达1200万千瓦，而《四川省"十二五"能源发展规划》仅考虑了100万千瓦风电和30万千瓦光伏发电，这些新增的新能源发电也将挤占部分外送通道能力。凉山、甘孜等地区的新能源项目由于规模较大，远离负荷中心，地区电网结构薄弱，负荷水平较低，难以实现就地消纳，送出受限矛盾也较突出。

（六）开展智慧流域建设提升流域水电效益

智慧流域是指把新一代的信息技术、物联网技术充分运用于流域综合管理，建设"流域物联网"，并通过集成了智慧化算法的计算机平台将整个流域整合起来，以更加精细和动态的方式对流域进行规划、设计和管理。中国工程院院士王浩在2018年中国500强企业高峰论坛中提到，智慧流域就是要实行最严格的水资源管理，推动流域的信息化、现代化和可持续发展。通过流域智能问题的诊断技术，可以实现对全生命周期的健康状态的动态评价和预警，能够有效指导运维人员预先进行有针对性的检修。

智慧流域包括三大核心技术，即物联网技术、大数据技术和人工智能技术，其中物联网技术作为智慧流域的基础，可以形成万物间的数据传递，大数据技术作为智慧流域的大平台，而人工智能技术作为智慧流域的大脑。

2014年以来，国家能源集团大渡河公司基于企业改革发展的新形势、新任务，主动顺应数字化、网络化、智能化潮流，在国内率先提出并实践智慧企业建设，形成了一整套智慧企业的理论和实践成果，在智慧流域建设管理方面走在行业前沿，建成了集实时感知、监测预警、健康诊断、多能互补、智能调度、风险决策、虚拟仿真等功能为一体的智慧流域管理系统，充分应用于库坝安全管理、电厂运维、电力调度、水沙调控、生态维护。整个大渡河二十几个梯级电站实现了从规划、立项、设计、建设、竣工、运营到工程寿命终止的全周期管理，并能对各类故障、隐患和风险自动预警预判、分级管控和智能识别。国家能源集团大渡河公司采用空中无人机、水下机器人以及智能无人船等技术手段，开展库区泥沙淤积以及高边坡稳定监测，大力推广自主研发的智能安全帽、智能钥匙、巡检预警机器人等智能产品，逐步减少设备日常巡回、定期安全监测、人工汇总数据等重复性大、风险性高、技术含量低的工作。2014~2017年，国家能源集团大渡河公司投产装机容量实现了翻番，而总体人数始终保持在2000人左右，公司机关人员由107人减至96人。运用工程安全监测自动化系统，节约后续人工监测费约6000万元；在沙坪二级水电站智慧工程项目中，产生直接综合效益4500余万元；运用巡检预警机器人取代人工作业，每年减少人工成本、管理成本400万元；通过定量降水预报、洪水资源化利用、智能调度决策支持、经济调度控制等先进技术研究成果的应用，累计增发电量 35 亿千瓦·时，产生经济效益 7 亿元，减少电煤消耗 110 余万吨，减排 CO_2 290 万吨；通过云计算与大数据中心建设，整合全系统网络信息资源，计算机资源利用效率从 25%提高到 65%以上，节约设备投入、机房建设成本、电费成本以及运维费用超过 1 亿元。

在智能技术迅速推广普及的大背景下，西南地区各大流域应学习国家能源集团大渡河公司的先进经验，推广新型智慧化技术，建设集实时感知、监测预警、健康诊断、多能互补、智能调度、风险决策为一体的智慧流域管理系统，从而大大提升流域电站整体效益和竞争力。

（七）电力产业转型发展实施路径的整体情景分析

根据前面所提出的电力消纳多种方式，并综合考虑未来电力供需情况，本节以四川为例，对其 2020 年和 2030 年的电力供需情况进行平衡分析。

2020 年，电力需求主要考虑了以下七个部分：2015 年全社会用电量、2015 年外送电量、未来全社会用电增量、外送通道扩容增量、电动汽车用电量、数据中心用电量、工业电能替代量。其中，全社会用电增量参考《四川省国民经济和社会发展第十三个五年规划纲要》（年增速为 4.4%），则未来五年间增量约为 480 亿千瓦·时；外送通道扩容增量参考《四川省国民经济和社会发展第十三个五年规划纲要》中提出的"新增外送能力不低于 1200 万千瓦"的目标。其中包括盐源—华中或华东±800 千伏特高压直流工程（容量为 800 万~1000 万千瓦）以及川渝 500 千伏第三通道工程（容量为 2000 兆瓦）。考虑 2015 年全省外送电量及最大外送容量，电网年平均利用小时数为 4300 小时，则外送电量可增加 516 亿千瓦·时；考虑未来全省电动汽车数量的增长（50 万辆）、单位车辆里程以及能耗情况，电动汽车用电量约增加 30 亿千瓦·时；数据中心用电量预计达到全省发电量的 1.5%，约 51 亿千瓦·时。工业电能替代造成的新增用电量主要来自电锅炉的使用，该部分总共可达到 350 亿千瓦·时。

2020 年电力供给方面，主要考虑现有机组，未来新增的各类机组，以及水电、煤电机组利用小时数提高所带来的发电量。在未来新增机组方面，由《四川省国民经济和社会发展第十三个五年规划纲要》可知，水电将新增约 1300 万千瓦，煤电新增约 115 万千瓦，天然气分布式发电新增约 140 万千瓦，风电和光伏发电分别新增约 500 万千瓦和 200 万千瓦，根据 2015 年各类发电电源的实际运行小时数（水电 4000 小时，煤电 2700 小时）及估计的理论运行小时数（气电 3000 小时，风电 2000 小时，光伏发电 1300 小时），新增装机的发电量可达到 761 亿千瓦·时（其中水电新增 543 亿千瓦·时）。除此以外，随着未来电力需求的上升以及各机组间的优化运行，根据历史情况来看，水电及煤电机组的年均利用小时数均有潜力达到 4500 小时。因此，考虑到未来煤电机组及水电机组运行小时数的提高，电力供给增量可达 679 亿千瓦·时。

在综合考虑各类因素的情况下，比较未来电力消费和供给情况可知，2020 年电力消费与供给基本持平（图 8.3）。这意味着随着未来全社会用电量的提升、外送通道的建设、电动车的发展、数据中心的布局，以及电能替代项目的推进，四川将能够消纳新增的电力装机，并解决当前的弃水问题（水电机组运行小时数提高所带来的发电量增量能够被消纳）。这也反映了拓宽电力消纳途径对四川水电消纳的重要性：除全社会用电量增量外，其他四类新增的电力消费方式共计 947 亿千瓦·时，远高于各类新增的电力供给途径的发电量，为解决电力消纳问题起到了重要的作用。

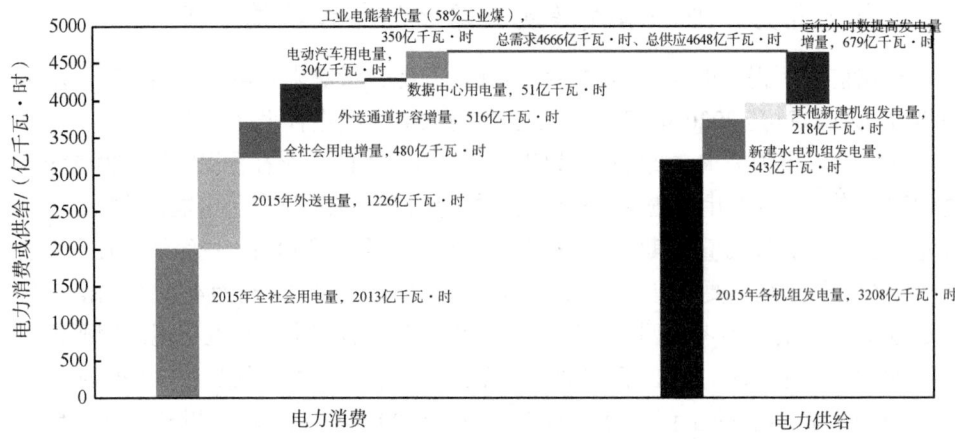

图 8.3　四川 2020 年电力供需分析（与 2015 年相比）

2030 年四川电力需求方面主要考虑转型情景下各产业的耗电情况。其中，居民生活用电增量约 800 亿千瓦·时，第三产业用电增量约 900 亿千瓦·时，第二产业由于在 2020 年前对已有产能已经实施电能替代，其新增产能用电量约 100 亿千瓦·时。除此以外，电动汽车的发展考虑未来可能的持续性的政策刺激，假设到 2030 年能够达到 150 万辆，电动汽车用电量约增加 90 亿千瓦·时；数据中心用电量仍保持全省发电量的 1.5%，约 90 亿千瓦·时。在 2020 年后，电能替代部分的工业用电增量预计保持每年 2%的增速，则该部分用电增量可达到 427 亿千瓦·时。

2030 年四川电力供应一方面要满足转型情景下的电力需求，另一方面考虑水电的有序与可持续开发。2020~2030 年水电装机速度与"十三五"期间的建设速度相比略有下降，15 年间新增容量为 3800 万千瓦，年运行小时数按照 2015 年的 4000 小时来计算，则新增发电量约 1516 亿千瓦·时。对于其他类型装机，从《四川省"十三五"能源发展规划》建设速度来看，预计截至 2030 年，煤电新增 400 万千瓦，天然气分布式发电新增 350 万千瓦；风能和太阳能理论资源量均在 4000

万千瓦以上，预计新增容量分别为 1500 万千瓦和 600 万千瓦。根据各机组 2015 年的实际运行小时数及理论运行小时数，除水电外新增机组发电量可达 636 亿千瓦·时。除此以外，水电及煤电机组的优化运行将使机组的年均利用小时数达到 4500 小时，这将能够增加 855 亿千瓦·时的发电量。

由图 8.4 可知，在转型情景下四川 2030 年电力供需仍将保持平衡。而与 2020 年的电力供需情况相比，其不同之处在于 2030 年的电力消纳以第二产业及第三产业的用电增量为主，同时新建的水电装机与风光等可再生装机在长期的电力供给中起到了关键性的作用；相比之下，2020 年的电力消纳以全社会用电增量、外送通道建设、电能替代为主，电力供应方面以水电为主。由此可见，中期（2020 年）来看，多种途径协同解决四川的水电消纳问题尤为重要；长期（2030 年）来看，四川的电力消费将依靠全社会各产业用电量的增加来带动，同时供给方面须依靠水、风、光等清洁能源的大力开发。

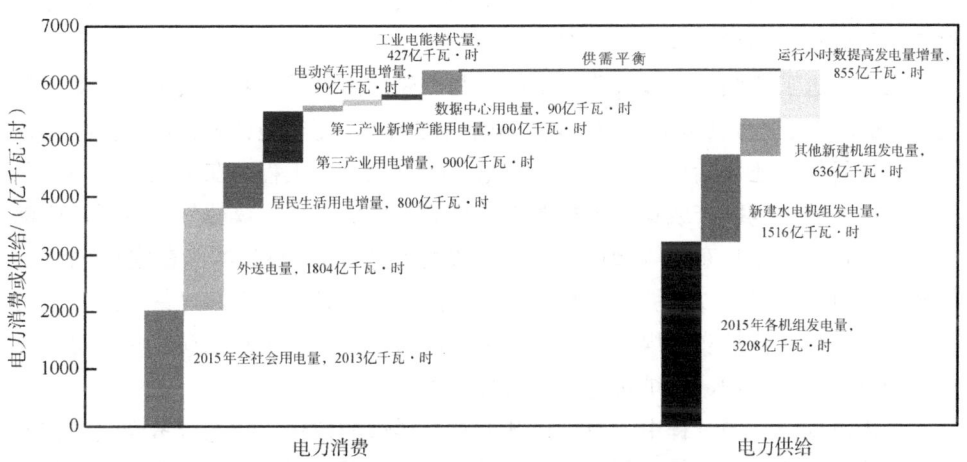

图 8.4　四川 2030 年电力供需分析（与 2015 年相比）

三、油气产业转型路径分析

"贫油富气"是西南地区的能源特征，实现油气产业转型，需重点推进包括天然气勘探开采、输配和消费在内的上、中、下游全产业链升级。天然气作为一种清洁低碳的优质化石能源，是实现向"低碳时代"过渡的桥梁，也是近中期改善我国能源结构的最现实选择。到 2030 年，通过增加内需、扩大外调，实现西南地区天然气供需快速增长。

（一）加快推进天然气利用是油气产业转型的核心

四川是国内天然气市场最成熟的地区之一。四川气源和市场紧密结合，下游产业链完整，利用方式多样。天然气供应四川、重庆、云南、贵州区域市场千余家大中型工业用户和1500多万户居民家庭以及10 000多家公用事业用户，行业利用率达80%。然而，2015年，四川天然气在一次能源消费结构中占比为11.4%，低于24%的世界平均水平。

四川应在城镇燃气、工业燃料、天然气发电、交通运输四大领域加快推进天然气利用。按近年发展速度测算，在常规情景下，2030年四川天然气消费量达到280亿米^{3}左右。而在能源产业转型情景下，四川天然气消费量达到570亿米^3，较常规情景增加290亿米^3，重点体现在四大领域的天然气利用上。全省实施天然气利用的路径如图8.5所示。

（1）扩大城乡天然气利用，提高气化水平。逐步推进在全省范围内基本实现县县通气，重点地区实现镇镇通气。加快推动城镇居民、公共服务领域燃煤的天然气替代，鼓励发展城镇燃气空调、分户式采暖；逐步推广在城中村、城乡接合部、棚户区改造中以天然气替代煤炭；结合新农村建设，在有条件的地方推进农村燃气基础设施建设，提高用气普及率。

（2）推进工业燃料领域煤改气工程。四川先后出台了一系列政策以推动煤改气。《四川省大气污染防治行动计划实施细则2017年度实施计划》提出了到2017年的禁煤目标，还包括加大天然气供应量、推进煤改气工程、在工业园区与工业集中区应实施热电联产或集中供热改造等措施。在成都建立煤改气示范区，成都平原城市群、川南/川东北等城市群制订煤改气推进方案。逐步实施在成都、宜宾、攀枝花等重点地级及以上城市，县级市建成区设定"禁煤区"，"禁煤区"中对燃煤工业锅炉、窑炉实施煤改气，促进工业燃料升级。鼓励对钢铁、建材等重点行业的燃煤工业锅炉、窑炉实施天然气替代。

在推进煤改气的过程中，应重点开展对燃料煤的替代，并综合考虑改造技术难度及成本对原料煤进行替代。针对燃料煤替代，燃煤工业锅炉、窑炉的煤改气技术成熟，并且其在单位投资、占比面积、操作定员、维修等方面具有明显的技术优势。另外，煤改气的环保优势明显，燃煤工业锅炉改用天然气后可减排CO_2达57%，减排SO_2接近100%，减排烟尘60%。此外，根据国家最新颁布的《锅炉大气污染物排放标准》（GB 13271—2014），采用低氮燃烧技术的新建燃气工业锅炉的NO_x排放量相较于燃煤工业锅炉将下降1/3左右。

（3）加快发展天然气分布式能源。逐步淘汰重点城市30万千瓦以下自备燃煤热电厂、建成区燃煤热电厂。在具有冷、热、电需求的产业聚集区、工业园区、商业中心、大型楼宇等推进建设分布式能源项目；在管网未覆盖区域，有序开展以LNG为气源的分布式能源应用试点工作。

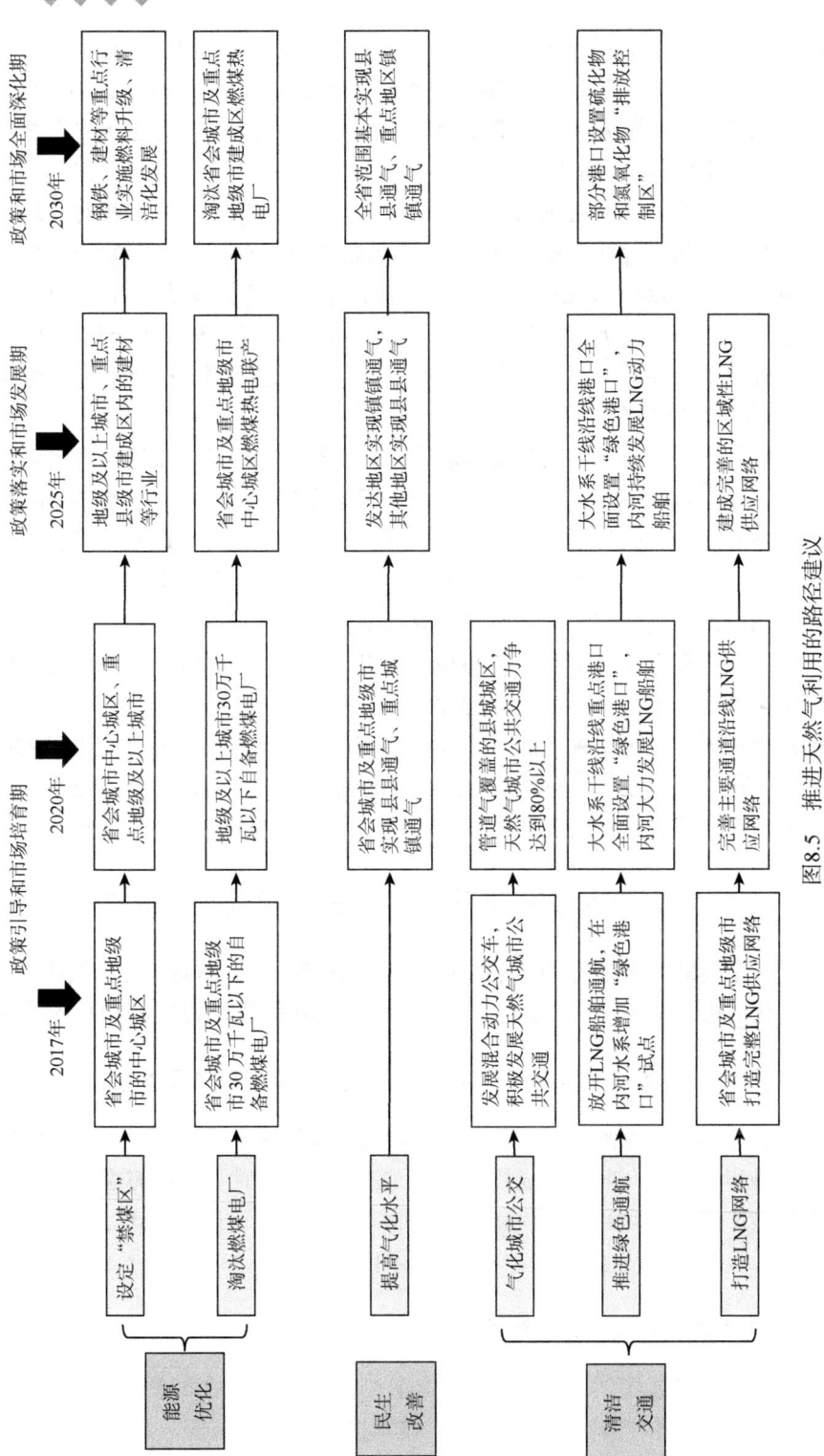

图8.5 推进天然气利用的路径建议

（4）积极推广车船用天然气。以运输重卡、城市公交、出租车和环卫车等专用车辆为重点，大力推广 LNG、压缩天然气（compressed natural gas，CNG）汽车。推进绿色通航，放开 LNG 船舶通航，在内河水系增加"绿色港口"试点，大力发展内河 LNG 动力船舶。

天然气在川渝地区交通领域利用效益显著，但 LNG 汽车发展相对滞后。经过多年发展，四川已经在交通领域推广 6.7 万辆 CNG 汽车、1560 辆 LNG 汽车；建成 CNG 加气站 324 座、LNG 加气站 30 座；节约和替代成品油 1046 万吨，减少汽车尾气排放量 265 万吨，累计创造产值 1300 多亿元，从业人员达到 14.5 万人，经济社会效益显著。然而，由于 LNG 加气站建设缓慢、缺乏有效的刺激措施，LNG 汽车发展缓慢。

通过政策鼓励与支持，四川交通运输领域用气量有望进一步增长。国Ⅵ排放标准（以下简称国Ⅵ标准）将重点严格控制机动车尾气直接排放的颗粒物、NO_x 以及挥发性有机物。柴油重型车要达到国Ⅵ标准的成本极高，这为天然气在交通运输领域的发展带来了历史机遇。2016 年 1 月 1 日起施行的《中华人民共和国大气污染防治法》推进传统汽车行业向节能减排技术方向发展，也会促进清洁能源汽车更快发展。在政策的推动下，2020 年四川 LNG、CNG 汽车有望达到或超过 40 万辆，年消费天然气 50 亿米^3 以上。

通过上述天然气利用领域的有序推进，2030 年四川天然气消费量达到 720 亿米^3 左右（其中 150 亿米^3 外调），占一次能源的 28% 左右，在全国处于领先水平，使其生产的优质能源更多地应用到四川，为美丽四川建设作出贡献。

（二）资源和资本多元化并重，打造全国最大天然气产区

以打造全国最大天然气产区为目标，实施资源常规与非常规多元化战略、实施资本多元化战略，做好"五大工程"，为国家能源革命提供优质能源的资源保障。

1. 立足常规天然气资源勘探开发，实现天然气储量和产量快速增长

立足已建成的须家河气田、普光气田、龙岗气田等主力气区，实现天然气储量和产量稳步增长；同时，建成投产川中龙王庙组气藏项目、高石梯—磨溪区块震旦系气藏产能建设项目；加快建设川东北高含硫气田项目、川西彭州气田产能建设项目以及川西中浅层天然气产能建设项目。

2. 扩大页岩气规模化开发利用

以《页岩气发展规划（2016—2020 年）》为指引，树立非常规天然气"先上产后增储"理念。依靠政府政策支持、技术进步和体制创新，加快攻克页岩气

勘探开发核心技术,做好页岩气产业发展的资源储备、技术储备、人才储备和装备储备工作。积极推进中国石油天然气集团有限公司、中国石油化工集团有限公司两家国有石油公司在四川的页岩气勘探开发。重点建成投产长宁—威远区块、富顺—永川区块、黄金坝—紫金坝—大寨页岩气产能建设项目,加快建设井研—犍为、威远—荣县页岩气勘探开发项目。到2030年四川页岩气产量将达到200亿米^3。

3. 鼓励省属企业及其他社会资本进入四川油气上游领域

按照国家对能源领域改革的总体部署,油气体制改革从2014年就已经开始。2016年国土资源部率先宣布在新疆进行六块油气区块招标试点,标志着油气勘探开发领域改革开始。通过试点及时总结出可复制、能推广、立修法的制度经验,适时向全国推开,推进投资主体的多元化,引导社会资本、民间资本进入油气勘探开发领域。应抓住国家实施油气领域改革的重大战略机遇,鼓励省属企业及其他社会资本进入油气上游领域。此外,加强"一带一路"油气合作战略的研究,鼓励省内企业对"一带一路"建设辐射区域加大油气资源的投资与并购。

4. 五大天然气增储上产工程是实现"西南大气区"的关键

通过油气勘探开发实践,油气企业逐步明确了五大天然气勘探开发重点工程。它们主要分布在川中遂宁—资阳地区、川东北地区、川西北广元—绵阳地区、川东达州—奉节地区以及蜀南地区。这些区域今后将成为四川盆地天然气增储上产的主要区域。五大天然气增储上产工程2015年实际产量为94亿米^3,占西南地区油气田当年天然气产量(156.7亿米^3)的60%。2030年西南地区油气田规划产量为500亿~700亿米^3。

(三)加快推进基础设施建设,打造现代化立体供气系统

1. 积极推进四川成为我国西南地区天然气战略通道枢纽

四川拥有国内最完善的天然气区域管网系统。四川天然气管网北接中卫—贵阳联络线,南连中缅天然气管道,东接川气东送和忠武线,形成了以"三纵三横"输气干线为主体、与全国管网连接的天然气战略通道。

建议根据西南地区天然气资源战略,加快研究西南地区经由其他路径向中部地区、长三角地区建设大型输气管道工程的战略方案及可行性分析,打通西南气区畅通的外输通道。加快形成联通我国西南油气进口战略通道、西部进口及国产油气资源与西南/中部/东南沿海地区市场的西南能源战略枢纽中心。

2. 省内管网层面，加快完善管网系统，尤其是"最后一公里"管道

四川拥有高度完善的环形骨干管网系统、蛛网式的支线管网系统以及相国寺地下储气库等调配支撑系统，集输气管道总长达到 4 万千米，管网年综合输配能力超过 500 亿米^3。输配气骨干管网建设已经趋于完善，但部分地区如攀枝花市、凉山彝族自治州、甘孜藏族自治州等尚无管道气通达；川西雅安、大邑、崇州地区等天然气管网还需要进一步完善；巴中地区叙永等地有着市场需求，但管网输送能力不足，市场发展受限。

建议加快推进高石梯—磨溪地区天然气外输管道、长宁地区页岩气外输管道工程等重点工程，同时加快推进楚雄—攀枝花天然气管道、攀枝花—凉山天然气管道等主干管网工程，延伸和完善天然气支线网络建设。"十三五"期间新增输气管道 2143 千米，到 2020 年输气管道总长度达 1.9 万千米，提高四川天然气输送能力和覆盖率。

3. 建立以 LNG/CNG 为有效补充的立体供气网络

结合天然气管线布局建设实际，完善重点城市和加气空白区域的 CNG 加气站建设。以成都、天府新区、绵阳、德阳、攀枝花等为发展重点地区；稳步推进泸州、宜宾等经济较发达地区和遂宁、南充、广元等富气地区的 CNG 加气站建设；在四川确定的成都、达州、广安、广元、巴中、遂宁、西昌、乐山等八座 LNG 试点城市中逐步推进 LNG、L-CNG 加气站建设；在乐山、宜宾、泸州、南充、广元等沿港口城市开展船用 LNG 试点；在甘孜、阿坝、凉山等非管网城市和区域因地制宜布局建设 LNG、L-CNG 加气站，落实规划土地和立项，加快建设，弥补网络空白点。

（四）天然气产业转型发展实施路径的整体情景分析

1. 天然气产业转型供需平衡分析

积极推动气代煤是提高天然气终端消费量的一大重点。电力、冶金、建材和生活用煤均是天然气替代的重点领域；除此以外，有稳定的冷、热、电负荷需求领域天然气分布式项目也是增加天然气消费量的重要方向。考察四川 2030 年天然气供需情况（图 8.6）可知，在不断扩大天然气产能的同时（2030 年总产量约 720 亿米^3，其中相较于 2015 年新增常规天然气产量 250 亿米^3，新增页岩气产量 200 亿米^3），需通过持续推进当前工业及生活用气量的稳定增长、终端天然气消费途径的增加（如工业煤改气、LNG/CNG 汽车、分布式天然气发电），以及外送通道的建设（外送量达到 151 亿米^3），来保证天然气的供需平衡。

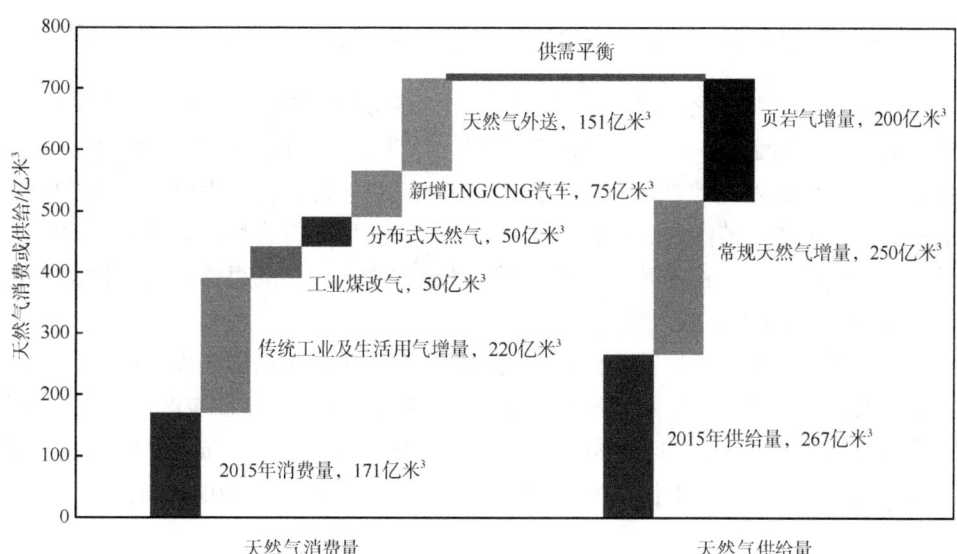

图 8.6 四川 2030 年天然气供需分析（与 2015 年相比）

2. 天然气产业转型下的经济性分析

使用天然气在工业和民用领域替代煤炭时，将会抑制煤炭消费量，使煤炭开采和洗选业的增加值下降 15 亿元，金属冶炼及压延加工业、非金属矿物制品业、其他制造业以及电力热力生产和供应业需要对煤改气分别投入 14 亿元、15 亿元、7 亿元和 7 亿元，总计 43 亿元，煤改气所带来的收益之和是 73 亿元，煤改气将带来 15 亿元的地区生产总值增加值。

交通行业油改气（发展 LNG 汽车）将会减少油品需求，石油加工、炼焦和核燃料加工业的增加值会下降 1 亿元，交通运输、仓储和邮政业需要给 LNG 汽车投入 12 亿元，油改气将带来 14.4 亿元的收益，从而实现 1.4 亿元的地区生产总值增加值。

发展分布式能源需要 30 亿元的投资，新增天然气消费给石油和天然气开采业、科学研究/技术服务业等其他第三产业产值带来增量分别为 26 亿元和 23 亿元，从而实现 19 亿元的地区生产总值增加值。

四、煤炭产业转型路径分析

对比转型前后的煤炭消费情况可知，提高能效、加强煤改电以及煤改气，均是控制未来煤炭消费总量的重要途径。到 2030 年，煤炭消费量将下降到 4000 万吨，四川省内煤炭集中化利用程度高。

（一）控制煤炭生产和消费总量，强化用煤产业节能减排

四川煤炭资源匮乏，煤质普遍较差，平均硫分达 2.29%。含煤地区的地质构造较为复杂，层间距小，多为薄和极薄煤层。1.3 米以下的煤层占地质储量的 70%，资源禀赋条件较差。控制煤炭生产总量，加大落后产能的淘汰力度，限制低质煤炭开发，以科学产能综合评价指标体系为基础，按照"符合标准准予开采，新建矿井达标建设，不达标准升级改造，不可改造强制退出"的思路，将全省煤炭生产总量控制在 6000 万吨以内。

控制煤炭消费总量。严格控制散煤直接燃烧利用，全面提高煤炭供应品质，提高煤炭洁配度水平，最大限度提高煤炭消费的集中度。制定煤炭产品准入标准，大力推进煤炭分级、清洁、高效利用。按照"统筹规划、合理布局"的原则，有序推进电代煤、气代煤工作，使全省煤炭消费总量逐步降低，2030 年控制在 6000 万吨以内。

强化节能减排工作。树立节能为本的理念，以加快转变煤炭开发利用方式为主题，从技术、结构和管理三方面全面深挖重点耗煤行业节能减排潜力。在煤炭消费强度高、大气污染严重的区域，进行区域煤炭消费总量控制，以节能减排目标倒逼实现煤炭消费量零增长或负增长。开展 CCS/CCUS[①]技术研发和示范。

（二）提升煤炭智慧化开采，推进煤炭清洁高效利用是核心

四川煤炭消费中 80%用于冶金、建材、能源、化工等高耗能行业。四川应加快调整煤炭消费结构，提高煤炭消费集中度。加速淘汰各类能效低、污染控制水平差的小型燃煤设备，使煤炭消费向安装和使用高效污染控制设备的大型设备倾斜。除使用清洁电力和天然气替代煤炭在工业与民用部门的终端消费外，应增加发电用煤在煤炭消费中的比例。逐步实施关停煤耗较高、污染物排放较大的 20 万千瓦级及以下小火电机组，建设高参数、大容量和具有深度灵活调峰特性的火电机组。煤电机组分工协作，保障电力系统稳定运行：超超临界等高参数机组承担基本负荷，实现持续高效低碳运行；部分机组主要承担系统调峰任务，为新能源发电保驾护航，盈利模式转变为电量收入与调峰、调频、备用等辅助服务收入兼顾。

对于化工等其他耗煤行业，目前煤炭消费占比不高，且由于四川天然气优势和煤炭资源条件制约，未来需求变化不大。

严格控制散煤直接燃烧利用，全面提高煤炭供应品质，制定煤炭产品准入标准，大力推进煤炭分级、清洁、高效利用。针对重点耗煤行业，加快推进经济高效全过程污染控制技术的研发和推广使用。对于发电行业，实施"高效清洁燃烧—污染物

---

①CCUS 指碳捕获、利用与封存（carbon capture, utilization and storage）。

协同控制—废物资源化"一体化燃煤发电污染控制技术；对于燃煤工业锅炉相关行业，实施"清洁能源替代/规模化—污染高效脱除—多种污染物协同控制/副产品回收利用"的工业锅炉污染控制技术；对于燃煤工业窑炉相关行业，实施"先进工艺—污染物高效脱除—多种污染物协同控制/副产品回收利用"工业窑炉污染控制技术。

以往的煤利用方式或完全燃烧，或完全气化和液化，对煤资源造成了巨大的浪费。煤既是重要的能源，也是宝贵的资源。在该指导思想下，煤分级、分质梯级利用技术日益受到关注。这类煤炭综合利用技术以煤裂解、气化等为源头，将多种煤炭利用技术进行优化整合，在获取电力或热力等的同时，可生成多种具有高附加值的化工产品（脂肪烃、芳香烃、醇类等），同时裂解气化获得的中低热值煤气和合成气还可作为气体燃料，用于燃气轮机的高效清洁燃烧。煤分级、分质梯级利用多联产技术从整体上考虑煤利用的多个生产工艺，将整体效率最大化，是未来煤清洁利用的重要方向。

1）煤炭智慧化开采

西南地区的煤炭资源主要集中在贵州，贵州同时也是我国南方煤炭资源最丰富的省份，煤炭资源储量名列全国第5位，素有"西南煤海"之称。然而，贵州属于典型的喀斯特地貌区，煤层赋存条件复杂，现有生产、建设矿井主要集中在占储量大约50%的厚煤层和中厚煤层，而剩余约50%储量的薄煤层、极薄煤层、急倾角煤层基本被弃采，开采条件劣于北方煤炭省区，机械化、智能化水平低。在生态文明建设和高质量发展的大背景下，传统依赖资源消耗的发展模式已经难以为继，煤炭业必须走出"粗放经营、矿难频发、环境污染、资源浪费"的怪圈，煤炭的智能化开采将是必由道路。煤炭智慧化开采是将不同地质条件的煤炭开采扰动影响、致灾因素、开采引发生态环境破坏等统筹考虑，时空上准确高效的煤炭无人（少人）智能开采与灾害防控一体化的未来采矿新模式。与传统的煤炭开采方式相比，其信息化、自动化、智能化水平高，并由此带来高采收率，属于高精尖技术密集型行业。

2）推广燃煤电厂生物质掺烧，降低电厂碳排放

通过对电力供需形势的研究判断，煤电不仅仍将在贵州、重庆等清洁能源资源较贫乏的省市的电力结构中占据一定比例，并且即使对于四川、云南这样具有丰富清洁能源资源的区域也是必不可少的。为了开展生态文明建设、有效减少温室气体排放，有必要加强这部分煤电的清洁低碳生产。推进燃煤电厂生物质掺烧改造提供了一个有效方案。

生物质中所含的碳来自植物生长时从大气中固定的碳，因此生物质本身可以视为"零碳"能源，掺烧生物质可以显著降低煤电的碳排放，而纯烧生物质甚至可以做到近零碳排放。此外，燃煤电厂掺烧生物质的改造可以最大限度地保留煤电的主要设备，经济性好，而且保留煤电可靠、稳定和灵活可调的技术优点，可以作为可再生能源大规模发电的可靠灵活调度电源；与废弃煤电、发展储能设施的双重昂贵的方案相比，更是事半功倍。此外，若采用CO_2捕集和埋存技术，可以实现燃煤电厂负

碳排放，使得煤电不仅不再是碳排放的负担，而且成为碳调节器和减碳救星。该技术可在西南地区具备相关生物质资源条件的区域（如云南）优先开展试点，并逐步推广。

五、能源装备产业转型路径分析

能源装备是装备制造业的重要和核心部分，是能源技术的载体，是为能源工业提供技术装备的战略性、基础性产业。西南地区能源装备产业转型应在节能环保、航空和燃机等领域重点突破，并重点提高装备成套水平和集成能力。

（一）西南地区能源装备在全国具有举足轻重的地位，机遇与挑战并存

西南地区能源装备优势明显，尤其是四川能源装备已经形成火电、水电、核电、风电、光伏发电、生物质发电设备"六电并举"的格局；大型石油钻机产量全国领先，出口全国第一，远销美国、俄罗斯、中东等市场；天然气钻采、输送、液化设备独具特色。但是，能源装备产业技术改造和研发创新不足，特别是在关键科技领域获得拥有自主知识产权的科技成果不够，对国内外优秀的能源装备人才吸引力不足。四川能源装备制造产业多年来保持了持续快速发展的良好势头，正处于加快发展的重要机遇期，要向智能化、高端化、清洁高效方向发展。与此同时，能源装备产业仍大而不强，面临经济发展的新格局和新趋势，以及产业结构不合理、产业链不完善、竞争力不强、创新力不足、外部约束增强等挑战。此外，我国正处于经济转型发展的攻坚期，"一带一路"倡议、"中国制造2025"战略的推进为四川以至西南地区能源装备产业转型提供新动力新机遇。

（二）节能环保、航空和燃机、第五代车用发动机等是能源装备产业转型的抓手

产业结构调整和发展方式转变是西南地区能源装备产业转型的主线，以传统能源装备技术提升和新能源装备创新发展为抓手，坚持以企业为主体、以市场为导向，是提高企业市场竞争力和经济效益的核心。四川可以依托中国东方电气集团有限公司等能源装备龙头企业，重点在节能环保、航空和燃机、第五代车用发动机等重点领域实现能源装备产业转型的突破。

（三）提高装备成套水平和集成能力是能源装备产业转型的核心

重点围绕大容量高参数煤电、大型水电和新能源发电（风电和光伏发电）设备、重油电站、燃气发电机组、先进储能装置、分布式发电设备等领域突破发展。

积极发展智能电网管理系统及技术，加快发展高压、超高压、特高压、智能电网开关设备、变电设备、实验设备、电缆及大功率电力电子元器件。

着力在页岩气、非常规油气开采工程、油气长输管线建设等国家战略所需装备上实现突破，在船用发动机、海洋光电复合电缆、大型海水淡化成套设备、大型 LNG 成套设备等领域完成一批新产品研制和产业化。

着力突破高效节能技术、工业固废综合利用技术、余能循环利用技术、超低排放燃煤发电技术、大气/水污染和汽车尾气防治与处理技术，形成成套解决方案与装备保障能力；强化节能技术创新和推广应用，大力发展高效节能、低碳环保和有利于资源循环综合利用的成套技术装备。

着力发展核电装备制造能力及页岩气勘探开发能力，尽快研发掌握适应四川页岩气资源特点的核心关键技术，与国际上领先的石油公司和油田服务公司合作，加快四川页岩气勘探开发。

着力研发能源互联网核心装备，包括面向多能流的能源交换与路由、储能、能气转换等装置。

（四）以能源装备产业为龙头，助力"一带一路"国际合作

自 2013 年习近平总书记首次提出"一带一路"倡议以来，"一带一路"已成为我国经济社会发展的重大机遇，并在国际上产生广泛影响，得到各相关国家积极响应。西南地区作为我国清洁能源禀赋优势最为明显的地区，在能源装备、工程建设、管理维护等方面具较强竞争优势，应乘着"一带一路"春风，推动以能源装备为龙头的能源产业走出去，助力"一带一路"建设。

推动可再生能源和天然气等能源装备优势产业走出去。在"一带一路"框架下，结合先进发电技术和装备制造优势，输出成熟、先进的工程服务、装备机械，有助于带动西南地区能源装备上下游产业向外向型经济转型，实现从产品的输出到人力、装备和技术的输出，提升能源装备在全球市场上的占有率。具体而言，宜瞄准乌兹别克斯坦、哈萨克斯坦、越南、印度尼西亚、印度等电力开发需求大、非化石能源开发技术储备不足的国家，通过设计采购施工（engineering procurement construction，EPC）、独立发电商（independent power producers，IPP）等模式，输出人力和技术，为目标国清洁电力产业发展提供工程服务。

以共建装备基地或研发基地等形式，推动能源产业走出去。除了开展工程服务等直接项目合作以外，西南地区还可以通过与"一带一路"沿线国家共建能源装备基地或能源技术与产业研发基地等多种形式，开展全方位国际合作，具体而言，可以利用天然气勘探开采、水能开发和核电等能源产业的技术优势，结合具体国家的资源特点，针对性建设能源装备基地，有效打开目标国的相关能源产业市场。另外，针对不同地区资源勘探开发特点和特有技术需求，在"一带一路"

沿线建设多个"一带一路"能源专业性技术研发中心，加大研发投入、引进先进技术、合作创新研发，提升西南地区在相关能源领域的设计、建设、承包服务能力，提高在相关国家和领域的合作规模与合作层次。

六、能源互联网推进能源革命路径分析

能源互联网是能源生产、传输、储存、消费及市场与信息技术进行深度融合而形成的智能化、绿色低碳和安全高效的现代化能源体系。能源互联网具有设备智能、多能协同、信息对称、工序分散、系统扁平、交易开放的特点，对能源系统的发展具有划时代的意义，具有广阔的发展前景。

（一）能源互联网是提高清洁能源消纳比例的重要手段

可再生能源利用技术的发展虽然带来了新的清洁能源生产形式，但其分散性、波动性、随机性的特征给电网调度带来了困难，造成了西南地区大量清洁电力的浪费。能源互联网将电力电子技术和信息技术引入电力系统，并在能源供应侧，将水能、风能、光能、生物质能在内的多种可再生能源以及传统化石能源相结合，通过能源网络以电、热、冷的形式进行传输和储存，从而满足用户需求，实现"源、网、荷、储"各环节高度协调的能量平衡系统。能源互联网通过将原有的相对独立的供电（特别是风光可再生发电与分布式能源技术）、供气、供热技术以及新发展的储能技术结合在一起，提高了能源系统的调峰能力及稳定性，有效解决了可再生能源并网难的问题，进而提高了清洁能源的消纳比例，减少弃水、弃风、弃光，达到改善能源结构的目标，具体如图8.7所示。

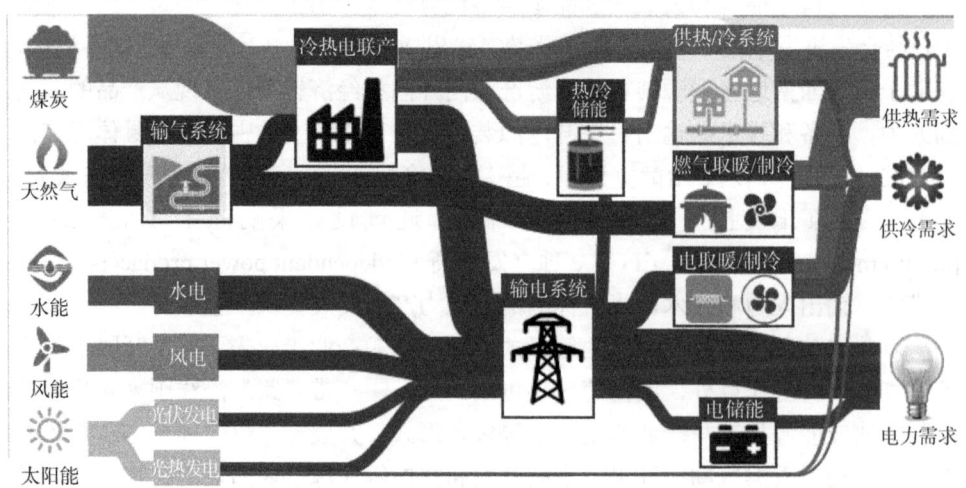

图8.7 能源互联网多能互补示意图

(二)能源互联网将极大促进分布式燃机及天然气产业的发展

川渝地区发展分布式燃机具有得天独厚的优势,是能源互联网发展的首要选择。四川天然气资源丰富,开采潜力巨大,本地需求仍有待提高。2015年四川的天然气产量为266.92亿米^3,本地天然气需求量仅为170.77亿米^3。发展分布式燃机既可以发挥产地低成本优势,又可以拉动本地天然气需求。与此同时,四川制造产业发达,拥有装备制造技术与能力,分布式燃机的发展必将拉动装备制造业的新一轮增长。

分布式燃机的调峰性能优于煤电机组,采用分布式燃机进行调峰具有很强的经济性,并且其发展可有效减少煤炭消费,改善能源结构。除此以外,针对偏远地区,分布式燃机发电对电网的依赖程度比较弱,可以和风光可再生发电技术形成区域微网并独立运行,也可以与现有电网并网,缓解丰水期的弃水问题。

(三)能源互联网为制氢和储能产业的发展提供了历史机遇

制氢和储能产业是能源互联网的重要组成部分。储能系统在能源互联网中发挥着"湖泊调节"的功能,在用电低谷时蓄电,在用电高峰时放电,是解决电力调峰问题的核心部件,也是能源互联网中重要的一环。西南地区发展储能产业的优势在于水电资源、储能原材料及储能装备制造潜力等方面,但在人才储备、市场占有、技术水平,特别是使用成本等方面存在不足。因此,应发挥自身特长,发展特色储能产业,推动社会发展:①优先发展具有资源优势的储能产业链的特殊环节与特色储能产业,关注下一代储能技术;②利用丰富的锂资源以及水电带来的低廉电价,重点加大储能原材料的生产,如碳酸锂、磷酸铁锂等,提升相应市场占有率,使锂电池原料碳酸锂的市场份额达全国的10%~20%;③重点支持液流电池、机械储能、储热等产能产业发展,在取得经济效益的同时满足高标准环境保护需求,以助力四川能源产业转型发展;④不建议大规模扶持发展铅酸、锂电等已成为"红海"的储能产业;⑤进一步深化电力体制改革,建立调频及调峰容量市场,为储能电站的商业化运营提供保障。

制氢工艺可将富余可再生电力转化为化学能进行储存运输,提供了新型能源转化、储存的途径。氢能产业包括制氢、储运、用氢等环节,是兼具富余水电消纳能力与产业链高技术特征的产业。四川具备丰富的水电资源。在较低的制氢用电价格[0.2元/(千瓦·时)]下,电解水制氢的成本可与广泛应用的化石能源制氢相比。100亿千瓦·时水电约可制得20万吨氢气,用于替代6.7亿米^{3}天然气供热,或满足100万辆燃料电池私人乘用车的需求。同时,氢能产业链的发展可以引领复合材料、高分子、碳纤维、高性能催化剂、高性能器件、高效系统集成等诸多技术的创新,具有明显的技术外部性。氢能产业总体而言处于技术导入期,以美国、日本、欧盟等发达经济体为代表的国际社会对氢能产业的前景表现了极大的关注，予以诸多政策扶持。

以氢气生产、储存、运输、消费等环节的技术突破为核心驱动力，依托富余水电制氢，压缩储运环节，从示范混氢压缩天然气（hydrogen enriched compressed natural gas，HCNG）民用供热、HCNG 交通应用与燃料电池交通用氢开始进行产业应用；在氢利用的途径中，HCNG 民用供热和 HCNG 交通应用产生消纳效果较快而经济性偏低，燃料电池交通用氢技术尚需成熟但成熟后经济性高。燃料电池交通用氢是长期高附加值用氢的方向。从示范项目开始，到 2030 年，基本建成完整的氢产业链，并打造一批产业特色比较鲜明、主导产品竞争力较强、市场化机制较为健全、创新能力较强的氢产业企业。

收集用电低谷时可再生能源产生的剩余电力通过电解水的方式制造氢气，再将生成的氢气注入当地的天然气管道中进行能源的储存，从制氢、储氢、运氢、加氢到氢的应用，形成一条完整的氢工业产业链，如图 8.8 所示。上游制氢将富余的水能、风能、太阳能等转化为电能，通过电解水的方式制氢，可有效消纳结构性过剩的水电、风电；氢的储运主要以液态、气态、固态的形式进行，现阶段液氢储运逐渐成为研发重点；氢的应用主要涉及石化工业，以及氢燃料电池为主的交通运输业，有效带动新材料、新能源、新能源汽车及氢储存与运输等高端装备制造业快速发展。具体而言，可从 HCNG 在公共交通领域的应用着手，近中期逐步推广以氢能燃料电池为核心的氢能交通，从示范向产业应用前进；中长期支持电解水制氢参与电力市场交易，并当其具备一定规模时，作为一种储能手段用于电力调峰，平衡水电等可再生能源出力的时间差异。

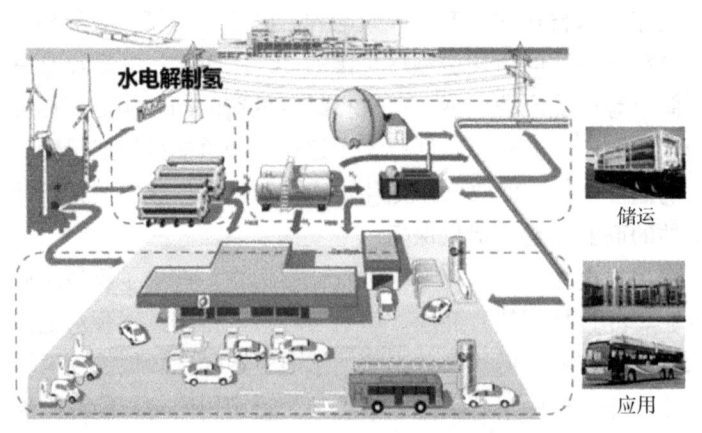

图 8.8　电解水制氢产业链示意图

（四）发展多能互补技术，促进清洁能源消纳和科学利用

西南地区具备发展风光水互补发电的基础条件和现实需求。水电是技术成熟

的清洁能源，具有稳定的调节能力和供电质量。风电、光伏发电作为新兴的清洁能源，前景广阔，但由于电能质量较差、送出困难等问题而发展受限。西南地区具有十分丰富的水能、风能、太阳能等清洁可再生能源资源。通过风电、光伏发电、水电互补，利用流域梯级电站的综合调节能力和已有送出通道，是突破目前风电、光伏发电开发瓶颈的有效途径。

雅砻江流域水电开发有限公司正积极开展风光水互补发电业务，积累了丰富的经验。雅砻江具有十分丰富的水能资源，其干流规划了21级水电站，总装机容量约3000万千瓦，是四川重要的水电开发基地之一。同时，雅砻江位于川西高原，所流经的甘孜、凉山、攀枝花地区是四川风能和太阳能资源的富集区，据初步估计，雅砻江流域风电可开发量约1300万千瓦，光伏发电可开发量约1800万千瓦。水能、风能、太阳能资源在雅砻江流域存在地理分布上的一致性，并且水电、风电、光伏发电的出力特性存在时间上的互补性，使得风光水互补发电成为可能。

根据研究，若以年为时间尺度，雅砻江流域风电和水电的年内出力呈现出明显的互补性，水电非汛期风电大发，水电汛期风电平均出力只占装机容量的10%以下。光伏发电的年内各月差异较小，但也与水电呈现出一定的互补关系。利用两者的互补特性，可将电力打捆，充分利用水电输出通道。若以日为时间尺度，雅砻江流域风电和光伏发电的日内出力呈现出明显的互补形式，光伏发电出力为零时段风电出力为峰值，风光在日内形成较为统一的互补关系。

雅砻江水电的风光水互补发电实践表明了这一开发利用模式对西南地区清洁能源开发利用的价值。

风光水互补发电有利于发挥流域水电整体调节性能，提升电网对风电、光伏发电的消纳能力。水电启停迅速、运行灵活、跟踪负荷能力强。通过监控风电、光伏发电的出力变化，实时调节水电站的水轮发电机组开度，以平抑风电、光伏发电出力变幅及瞬时变率，补偿风电、光伏发电的出力，将随机波动的风电、光伏发电调整为平滑、安全、稳定的优质电源。这样做可极大地提高风电、光伏发电的电能质量，从而缓解甚至消除风电、光伏发电对电网系统的冲击，提高电网对风电、光伏发电的消纳能力。

风光水互补发电有利于统筹建设资源，加快能源开发。一方面，风光水互补基地开发模式下，风电、光伏发电消纳可以利用水电站建设形成的送出通道。另一方面，水电站建设是复杂、庞大的系统工程，其中形成的交通、工厂、营地、调度等建设资源可通过风光水互补基地开发模式加以统筹，从而节约建设资源，加快能源开发。

雅砻江风光水互补发电项目为西南地区协同开发可再生能源提供了参考模式，风光水互补基地的建设可以解决目前风电、光伏发电建设中并网难等问题，并有利于建设资源的综合利用，节约建设和送电成本。对于西南地区尤其是具有丰富的风光水资源的西藏的清洁能源开发利用提供了有效的思路和丰富的经验。

充分利用能源互联网等新型技术，推动能源产业的信息化、智慧化，在电网侧开展分布式能源管理平台建设，利用多种储能技术和需求响应，消纳低谷电、工业余热和弃水电量，发展多能互补。多能互补和能源互联网是实现能源灵活转化、高效存储、智能协同，以系统集成创新方式推动能源技术革命的重要途径。多能互补能源系统示意图如图 8.9 所示，考虑多能协同的综合需求响应，将分布式光伏发电、风电和储能（电储能、水储冷等）与用户用能需求（热、冷、电）统一，分析用户用能的潜在行为响应，其目标应该是实现供需双侧资源协调优化，提高用户用能的可替代性，提高多能互补能源系统以及多能源市场的运行稳定性和运行效率。其中储能设备使得大部分设备在其高效区稳定运行，从而提高系统的运行效率和经济性。

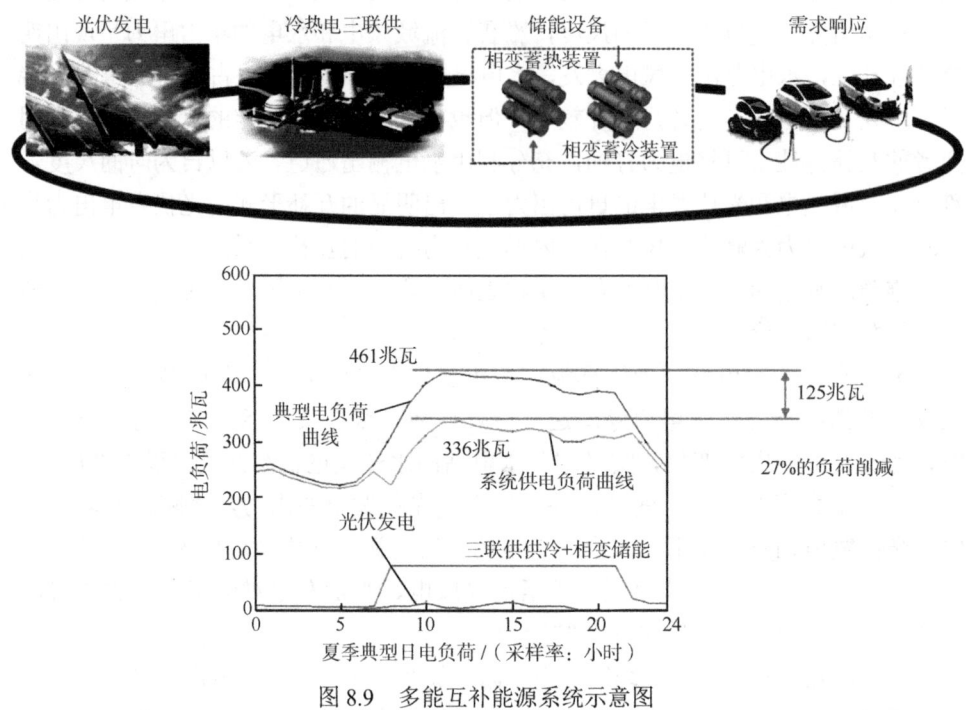

图 8.9　多能互补能源系统示意图

（五）建设"虚拟电厂"示范工程

随着清洁、低碳的新型能源体系的发展，分布式可再生电源、电动汽车、终端用户的再电气化比例将大幅增长，电网一方面需要应对风能、太阳能等分布式可再生能源的大规模、高比例接入给电力系统平衡和电网安全运行带来的一系列挑战，另一方面需要面临城市电网电力负荷的峰谷差日益变大的事实，如果仅仅为了满足尖峰负荷需求而大量扩建电厂,则在负荷低谷期将会有大量机组闲置,产生巨大的浪费。因此,有必要在充分利用分布式能源的同时,更经济、高效地减小电网的峰谷差。为此,"虚拟电厂"提供了有效的解决途径。

"虚拟电厂"并非真实的发电厂,而是将分布式发电机组、可控负荷和分布式储能设施有机结合,通过配套的调控技术、通信技术实现对各类分布式能源进行整合调控的载体,以作为一个特殊电厂参与电力市场和电网运行。"虚拟电厂"可以实时监测中央空调、电动汽车等柔性可控负荷、环境参数以及分布式能源的出力,围绕用户和系统需求,自动调节并优化需求响应质量,减少电源和电网建设的投资,在创造良好舒适的生活环境的同时,实现用户与系统、技术与商业模式的双赢。概括而言,"虚拟电厂"就是通过先进的控制、通信技术,将众多需求侧资源(包括分布式风电、光伏发电,电动汽车,储能系统,可控负荷)整合转化为可以随需而变的"虚拟电厂"资源,并参与到电力市场和辅助服务市场运行中。

"虚拟电厂"的意义在于,一方面,它可以打破传统微网系统的地域限制,实现大范围、多个分布式能源的协调优化运行,更有利于资源的合理优化配置及利用;另一方面,其基本的应用场景是电力市场和辅助服务市场,能够在不对电网进行改造的条件下提供快速响应的辅助服务,为分布式能源参与电力市场提供了有效途径,并降低了单个分布式能源系统在市场中孤独运行的失衡风险,可以获得规模经济的效益。

七、清洁能源汽车产业转型路径分析

汽车产业是一个国家或地区的战略性产业,其规模、关联度和复杂性可以直接代表制造业水平。当前,我国大力扶持清洁能源汽车发展;四川将清洁能源汽车产业作为全省战略性支柱型产业之一,正当其时,且是长久之计。

(一)清洁能源汽车是未来产业重点,且有更广阔发展空间

四川传统汽车产业已逐渐形成以成都为中心,以绵阳、南充、资阳以及成渝汽车零部件配套走廊为聚集区的基本格局,但各地汽车产业各自为政,缺乏总体规划,同质化发展现象严重,导致四川汽车产业整体竞争力不足。清洁能源汽车为四川汽车产业转型提供了发展机遇。根据《四川省汽车制造产业2015年推进方案》,四川2015年将以培育清洁能源汽车为突破口,加快构建创新能力强、技术水平高、产业规模大、产品竞争力强的汽车制造业基地。

表8.1展示了我国清洁能源汽车产业技术路线分析。

表 8.1 我国清洁能源汽车产业技术路线分析

参数类型		技术特点		产业竞争	
		优点	缺点	我国基础	国际比较
混合动力	传统/插电混合动力	低速时电池驱动,中高速时气或油驱动	结构复杂、依赖石油资源	产业基础薄弱	日本第一
电动车	纯电动	电池驱动,不需油箱、变速器、内燃机等	成本高,充电时间长,充电桩数量少,投资周期长	电池技术处于中上水平,电机发展水平较高	日本、韩国电池技术先进,美国特斯拉公司异军突起
	太阳能	永久性环保技术	续航能力差	可以生产,成本较高	世界各国都处于探索阶段
	燃料电池	续航久,零排放	燃料成本高,技术不成熟,商用阶段需贵金属催化剂	稀土储氢技术有突破,稀土资源丰富	美国、加拿大、日本燃料电池技术领先
液体燃料	乙醇汽油	无须改装,有助于环保和节油	原料收集不确定性较大,受政策补贴影响较大	—	巴西第一
	生物柴油	无须改装,有助于环保和节油	原料收集不确定性较大,受政策补贴影响较大	—	美国第一
气体燃料	天然气	低碳,方便改装	受储量和资源限制	四川应用广泛,技术成熟	美国是最大天然气汽车保有国
	二甲醚	低碳高能	不可再生,一旦泄漏则风险很大	我国有煤层提炼技术,分布不广泛	终究要被淘汰
	氢气	理想的清洁能源	储运氢技术不成熟,燃料电池技术门槛高	成本高昂,产量规模小	有待突破

四川清洁能源汽车产业要实现"弯道超车",充分利用已有的优势高起点发展,尤其是充分发挥天然气、水能清洁资源富裕优势,打造清洁能源汽车制造、运输、使用全产业链的低碳清洁化。

(二)天然气和纯电动汽车是清洁能源汽车产业转型的两条路径

经过多年发展,四川初步形成了较为完整的清洁能源汽车产业链。随着成都、泸州作为国家清洁能源汽车推广应用城市的建设与推进,以及绵阳等地的积极跟进,四川汽车工业股份有限公司、成都客车股份有限公司、中嘉汽车制造(成都)有限公司(沃尔沃成都基地项目)等一批新能源行业企业加快发展,初步形成了从整车、核心零部件及关键材料到充换电设施、智能服务终端等较为完整的产业链,形成了城市公交、市政专用车、乘用车等比较完整的产品序列。汽车产业应结合本地天然气、水能等资源优势，因地制宜提升产业竞争力。应以能源结构调整、产业转型升级为主线，集中全省清洁能源汽车产业资源，打造中国大西南特色、智能互联、绿色节能的智慧汽车强省。

不同类型的新能源车辆的技术成熟度不同，发展潜力也有区别。对四川而言，轻型天然气车辆已有相当存量、技术成熟，可进一步提高其占比，重型LNG车辆发展仍落后于山西、山东等省份，应大力发展重型LNG货车产业；动力电池车辆技术发展快、成熟度较高，是符合国家政策导向的高成长性清洁能源汽车类型，电池续航能力有待于进一步突破，电动车的发展可采用车和电池分离或者整车更换等商业模式；燃料电池车辆技术尚未成熟，但其加注时间短，续航距离长，与动力电池车辆一样全程无污染，属于发展潜力大的清洁能源汽车类型。

（三）集中资源打造龙泉清洁能源汽车创新生态体系

新技术产业化过程面临着机会窗口的把握问题，很多技术成果因不能抓住机会而成明日黄花。从国内外形势看，清洁能源汽车技术的机会窗口还有3~5年的时间。因此，西南地区应进一步优化市场经济体制和计划经济体制的关系，两条腿走路，打造以天然气汽车、电动汽车双轮驱动的清洁能源汽车生态体系，重点发展"特、智、绿、联"的清洁能源汽车产业创新生态集群，打造中国大西南特色、智能、绿色节能、互联的智慧汽车强省，创造性地走出一条政府和企业相得益彰促进产业发展的新路。

以四川为例，要集四川全省之力于成都龙泉，将清洁能源汽车产业创新的项目资源进行整合，培养和激活组织的创新能力。四川打造龙泉清洁能源汽车创新生态体系的重点在于：①建立关键共性技术研发平台，加速创新能力建设。尤其是关键零部件技术，要实现产学研合作，大力引进创新创业团队。②依托本省飞机、发电机、汽轮机、电子产业等领域的工业基础，将其创新能力向汽车零部件产业转移和强化。加速龙泉清洁能源汽车电池、电机、控制、发动机、电子等产业集群的形成，实现重点突破。③通过高水平招商引资对接国际一流水平创新体系。汽车是典型的资金、技术密集型制造业。以后要重点考虑引进特斯拉、奔驰、丰田、通用等清洁能源汽车及关键零部件项目，在引进一流技术的过程中，必须重点关注龙头企业创新能力体系的提升。④制定高效合理的补贴政策。补贴的重点应集中于共性技术平台，以及核心零部件龙头企业的创新能力体系建设。目前中国对于汽车企业的补贴过度分散于整车，骗补、依赖补贴、创新效益低等问题突出。购车后使用补贴方面，有省区市并未出台充电服务费政府指导价，已出台的省区市指导价多数偏高，大大增加了清洁能源汽车的使用成本，抵消了与传统汽车的比较优势，影响民众购买清洁能源汽车的积极性。

第四节 西南地区共享发展的政策建议和保障措施

一、明确西南地区清洁能源基地的定位

（一）明确后续水电开发的必要性，科学有序开发

水电是目前可再生和非化石能源中资源最明确、技术最成熟、最清洁低碳和最经济的能源，是我国仅次于煤炭的第二大常规能源资源，在我国能源结构中占有极其重要的地位。随着我国在降低 CO_2 排放方面的压力和责任越来越大，水电对降低 CO_2 排放、发展低碳经济的作用和效果将愈加显现。

发达国家在 20 世纪 60~70 年代就迎来了水电建设的高峰，目前水电发展进入了缓慢增长期。美国、加拿大、挪威等国水电快速发展始于 1950 年前后（人均国内生产总值在 1000 美元左右），在 1970 年前后结束大规模开发（人均国内生产总值在 3000 美元左右）。目前，欧美发达国家水电开发程度多在 70%以上，瑞士、意大利等国达到 85%以上。

借鉴发达国家的经验，并结合我国经济社会发展需要和节能减排压力，应在国家层面统一对水电科学发展的认识，把积极有序发展水电作为国家能源发展的基本方针予以大力推进。我国经济社会发展需要电力持续增长，能源结构调整需要清洁能源发展，而水电作为清洁能源的主力，理应优先开发、加快建设。

（二）深化国家层面的西南地区水电跨省区市消纳机制

1. 在区域内开展资源的优化配置

西南地区能源资源的开发不应是单个优势资源的开发，而应是具有互补关系的多种能源资源的配套开发；不应是单个地区的开发，而应是考虑区域之间互补和综合利用的开发。建议从两方面着手，一方面打通西南地区各省区市之间的边界，另一方面畅通西南地区与全国其他区域流通协调的通道。

加强电力的共享，包括开展区域内跨省区市通道建设，打通关键节点；开展区域电力交易，实现水火互济；推进区域电力互补，加强相互支撑。具体方案为近中期推动云南、贵州水火互补，利用贵州习水发电厂、贵州华润电力毕节电厂等与重庆电网的送电通道实施贵州火电对重庆的电力支撑；中长期利用云南、贵州联网的便利性，新增云南、贵州电力输送通道，利用云南富余水电资源，解决贵州电力缺口，同时实现"云电入渝"，推动云南通过贵州向重庆提供电力支持。区

外共享方面，一方面推进西南地区辅助服务市场建设，以市场手段增加火电企业收入，扭转其亏损局面；另一方面推进跨省区市发电权交易，借鉴已有经验，增加西南地区水电区外消纳途径。2017年9月云南、贵州已实现南方电网内的水火置换交易，2018年江苏、甘肃成功开展了发电权交易。借鉴这些经验，首先推动西南地区内部的发电权交易，然后推广西南地区各省区市与其他区域的发电权交易。

推进川渝天然气的共享。第一，完善以川渝地区为中心的西南地区天然气管网系统，加强川渝向贵州的天然气输出设施建设：建设渝贵线、争取川渝环网南干线过贵州；第二，建立西南地区天然气调配支撑系统，加强天然气储运基础设施建设，利用贵州废弃煤矿建设天然气地下储气库；第三，打通西南气区畅通的外输通道，建设西南地区与中部地区、长三角地区大型输气管道工程。

2. 在全国范围（全国电网）实现全国联网，优化配置

在气候变化迫切化、能源系统复杂化、能源需求多元化的新形势下，还应从以下方面多举推进西南地区清洁能源的更大范围消纳：积极拓展跨区电力市场交易，继续实施西电东送战略；积极推动国家层面探索建立跨省区市碳排放交易机制，促进水电异地消纳生态补偿政策的落实；按照"谁受益、谁承担"的原则，探索建立跨省区市电力辅助服务补偿机制，对深度调峰、调频等辅助服务进行经济补偿；建立"水火替代"机制，广泛开展跨区域水火置换交易，扩大受端水电消纳能力，为水电稳定外送消纳营造良好的市场环境。

二、明确西藏作为西电东送电源接续地的定位

（一）加快澜沧江上游1000万千瓦清洁能源基地建设

澜沧江上游西藏段水电开发是中国华能集团有限公司在西藏能源发展战略布局的重要组成部分，对争取雅鲁藏布江下游资源开发权及促进集团能源结构调整意义重大。2019年4月，西藏自治区主席齐扎拉对澜沧江上游西藏段水电开发进行了现场调研，并召开了加快推进水电开发的专题会议，提出要加快建设以水电为主、水风光互补的西藏澜沧江清洁能源基地。因此西藏新能源规模化开发要与澜沧江干流水电开发统筹推进，加快西藏清洁能源基地建设，提高藏电外送通道利用效率。

（二）加快建设以水电为主、水风光互补的西藏澜沧江清洁能源基地

统一规划西藏水能、风能、光能的开发，充分利用其协同互补性，减少开发

成本、提高开发效率，充分发挥西藏丰富的清洁能源资源优势。

（三）给予涉藏地区水电金融政策支持，提高竞争能力

对于西藏以及川藏、滇藏各流域梯级电站参照西藏内需项目，列入国家支持西藏经济社会发展的中央预算内投资补助范畴。保障涉藏地区水电市场竞争力，推动涉藏地区水电开发。考虑西藏发展事关国家安全，建议借鉴三峡基金经验，在国家征收的重大水利工程建设基金中，调剂部分基金用于西南乡村振兴、少数民族地区水电开发。

（四）国家层面组织开展技术攻关

梳理总结涉藏地区水电开发的技术难题，组织专家团队，重点对坝工建设领域世界级难题、高寒高海拔地区高边坡处理、库区滑坡体灾害防范、泥石流风险预防、工程区植被恢复、高水头低气压泄洪消能控制、高地应力地下洞室施工、高海拔地区大变幅高水头大型水轮发电机组制造等开展技术攻关，解决技术瓶颈。

（五）加强藏电外送研究

实现西藏水电高效开发利用，关键是要加强电网建设，保障藏电安全可靠送出。2030年前重点将金沙江上游、澜沧江上游水电通过特高压直流外送至华中、华南地区，其中位于华南的粤港澳大湾区对于先进产业和清洁电力都有很大的需求，是应该重点关注的区域。2030年后重点开发雅鲁藏布江"大拐弯"的大型水电，一方面直接外送，另一方面作为西电东送的接续电源送至四川、重庆和贵州。

三、突显清洁能源价值，促进西南地区清洁能源共享

（一）完善电价形成机制

根据我国现行电价政策，我国部分省区市水电核定电价明显低于火电标杆上网电价，并存在一定的差距。不应执行差别待遇，应执行同网同质同价。建议充分协调各利益相关方，充分发挥发电、输电、用电各方潜力，研究构建完善的水电上网电价形成机制，建立市场与电网能接纳、发电企业能承受、水电发展有后劲、西南地区有实惠的电价机制。按照"计划+市场"，采用成本和社会效益加成的模式定价，全面体现水电作为清洁能源的价值。

随着经济社会的发展，水电开发承担的社会责任也越来越明显，其开发任务不仅仅局限于发电，还担负着保护生态环境、提高移民生活质量、促进地方经济社会发展等任务，现有的上网电价定价机制已经不能较好地反映水电开发的成本组成，不利于水电健康持续发展。建议电价制定中考虑水电对生态环境保护的贡献（节省大量化石能源，降低 CO_2、SO_2、NO_x 排放等，减少污染）。考虑后续开发建设电站的成本大幅提高，建议国家层面给予补贴，降低建设成本。相关部门应基于水电开发对于防洪、供水、航运、促进地方经济发展等综合效益及相应投入，建立针对水电开发综合效益的补偿机制和电价机制。同时，继续完善可再生能源电力消纳保障机制、碳市场交易等清洁能源发展体制机制，切实体现清洁能源的绿色价值，促进清洁能源在全国范围共享。

（二）建立流域电站统筹协调和利益分配机制

建立水电站调节补偿机制，适时开展龙头水库建设，提高流域水电调节能力和出力特性，进一步提高电网运行安全性，从而保障国家能源安全。优化流域水电站调度管理，实现流域优化开发和梯级电站联合调度。通过制定联合优化调度规程和技术标准，全面实现流域优化调度运行。建立和完善流域上下游开发梯级间的利益补偿机制、结合电站效益分配机制，充分照顾上下游、左右岸的利益。

四、加强龙头水库建设、创新水电开发模式

（一）加强龙头水库建设

积极探索利用市场机制解决水库电站对下游电站的补偿效益回报问题，提高企业开发建设龙头水库电站的积极性。

研究制定针对龙头水库调节功能的补偿机制。相关省份（如四川）目前已经实施了按水库调节性能分类的标杆上网电价及丰枯电价机制，但从已经投产的水库电站情况看，其营收状况不尽如人意。考虑到今后水库电站的建设条件更加复杂，其投资造价水平也会更高，按现行电价机制，经济性无疑将是阻碍项目建设的重要因素。为此，建议在保证水库电站电量全额上网的基础上，进一步完善水库电站上网电价形成机制。

（二）创新水电开发模式

随着经济性佳的水电站址逐步被开发殆尽，制约后续水电开发建设的主要因

素是电站经济性。针对这一问题，除工程设计单位在电站设计过程中优化工程设计方案，达到减少工程量、降低工程造价、缩短建设工期的目的，以及建设业主加强工程建设管理外，相关政府部门还应积极出台有关政策，以改善电站的经济性，提高其经营生存能力以及电站建设业主开发的积极性。

建议探索建立资产收益扶持、设立后续发展基金等水电开发利益共享机制，统筹区域经济发展，以水电开发促进移民致富。建立水能资源开发区域经济社会发展和生态补偿机制，用于扶持经济社会发展和帮助移民群众致富，解决水能资源开发带来的移民后续发展和生态环保等问题。

附录　模型命名法

模型中物理量下标	
r, rr	省区市
e, ee	能源品种
t	年份
m	月份
gt	生产技术
部门	
Pr	生产部门
Ho	生活部门
Ag	农业
In	工业
Co	建筑业
Tr	交通运输业
Re	零售餐饮业
Ot	其他
Uh	城市生活
Rh	农村生活
Eg	发电部门
Hg	供热部门
能源类型	
Coal	煤炭
PO	成品油
CO	原油
NG	天然气
ELE	电力

续表

HY	水能
NU	核能
ONW	陆上风能
OFW	海上风能
SO	太阳能
输送	
Grid	电网
Pip	管道
Road	道路
Train	火车
Ship	船
参数	
DE	能源需求
GDPR	地区生产总值增速
IDR	能耗强度下降率
SB	终端替代规模
MF	月度波动系数
SC	替代系数
STL	电储能损失比率
STR	输电线损
OHU	发电小时数上限
CUB	容量上限
DE	能源需求
VF	发电波动系数
FUF	电力生产中燃料使用系数
EF	排放系数
RC	炼油系数
DR	贴现率
PFU	燃料价格
PCT	碳税
PCA	电力容量投资价格
PGR	电网投资价格
PPS	电储能设施投资价格

续表

PTR		能源输送价格
POP		运营支出
PPI		管道投资价格
PRE		炼油投资价格
PIM		进口价格
PPR		产品价格
PRE		炼油成本
PCP		煤炭产能投资价格
PLN		LNG 接收站投资价格
PNS		天然气储存设施投资价格
PNG		LNG 气化价格
PST		储能设备投资单价
	变量	
adj		两区域是否相邻
pro		能源生产量
tran		能源运输量
imp		能源进口量
sto		当月能源累计储存量
stob		月初能源存量
stoe		月末能源存量
eleca		电力装机
gridca		电网容量
stoca		电储能容量
ineleca		电力装机增加
deeleca		电力装机减少
ingridca		电网容量增加
degridca		电网容量减少
instoca		电储能容量增加
destoca		电储能容量减少
crupica		原油管道运输能力
oilpica		油品管道运输能力
refca		炼油能力
incrupica		原油管道运输能力增加

续表

decrupica	原油管道运输能力减少
inoilpica	油品管道运输能力增加
deoilpica	油品管道运输能力减少
inrefca	炼油能力增加
derefca	炼油能力减少
coalca	煤炭生产能力
incoalca	煤炭生产能力增加
decoalca	煤炭生产能力减少
impca	LNG 进口能力
stoca	天然气储存能力
ngpipca	天然气管道运输能力
inimpca	LNG 进口能力增加
inngpipca	天然气管道运输能力增加
deimpca	LNG 进口能力减少
dengpipca	天然气管道运输能力减少
cpro	生产成本
cimp	进口成本
cst	储存成本
ctran	运输成本
cfu	燃料成本
cov	产能过剩成本
cop	设施运维成本
cinf	设施建设成本
ccar	碳税成本
c	总成本